KB172201

지극히 사적인 네팔

지극히 사적인 네팔

섞이지 않지만 밀어내지도 않는 사람들

1판 1쇄 발행   2022년 3월 21일
1판 4쇄 발행   2022년 9월 27일

지은이   수잔 샤키야·홍성광

펴낸이   이민선
편집   홍성광
디자인   박은정
관리   이해진
제작   호호히히주니 아빠
인쇄   신성토탈시스템

펴낸곳   틈새책방
등록   2016년 9월 29일 (제25100-2016-000085)
주소   08355 서울특별시 구로구 개봉로1길 170, 101-1305
전화   02-6397-9452
팩스   02-6000-9452
홈페이지   www.teumsaebooks.com
인스타그램 @teumsaebooks
페이스북   www.facebook.com/teumsaebook
네이버 포스트 m.post.naver.com/teumsaebooks
유튜브   www.youtube.com/틈새책방
전자우편   teumsaebooks@gmail.com

© 수잔 샤키야·홍성광, 2022

ISBN 979-11-88949-38-0 03910

※ 이 책 내용의 전부 또는 일부를 재사용하려면 반드시 저작권자와 틈새책방 양측의
   서면 동의를 받아야 합니다.
※ 책값은 뒤표지에 표시되어 있습니다.
※ 파본은 구입한 곳에서 교환해 드립니다.

지극히—사적인 네팔

섞이지 않지만
밀어내지도 않는
사람들

◇◇◇ 수잔 샤키야 · 홍성광 지음 ◇◇◇

틈새책방

일러두기

이 책에 등장하는 네팔어, 산스크리트어, 티베트어는 국립국어원 표기 세칙에 없는 언어다. 한국에도 잘 알려져 사전에 등재된 신이나 고유 명사는 가급적 그대로 실었으나 그 외의 말은 네팔 현지 발음에 가깝게 실었다.

계실 때는 몰랐지만 떠나시고 나니 빈자리가 크다.
어느 곳에 자리하든 모든 마음을 다해 기억할 것이다.
이 책을 아버지께 드린다.

— 아버지의 아들, 수잔

차례

　　　　　　　　이 우주를 조금 더
　　　　　　　　　　　　　　　　　이해하고 싶은 그대에게

네팔을 좋아하는 나는 이 책을 읽고 어두운 거리의 불빛이
환하게 들어오는 감정을 느꼈다. 여섯 번을 방문했지만 네팔
에 대해 내가 아는 것은 거의 아무것도 없었다는 생각. 그저
좋아만 했지 무엇을 좋아했는지조차 아무것도 아니라는 생
각. 문득 정신이 들었다.

　요 며칠 나는 네팔에 사는 친구들과 문자를 주고받으며
'보고 싶다'는 말을 아끼지 않았는데, 우리가 다시 만나게 된
다면 그동안 멀어져 있던 간극에도 환히 불 밝힐 수 있겠구
나 싶었다. 수잔 샤키야는 자신이 태어난 나라를 이 한 권의
책에 담으면서 얼마나 가슴이 뜨거웠을까.

　네팔과 한국은 참 많이 다르지만 그 다름은 어떤 면에서
닮았고 어떤 면에서 친근하다. 아름답고도 치열히 살아온 사

람들의 삶이 켜켜이 쌓아 올린 네팔의 문화는 우화처럼도 읽히며 세계를 내비치거나 은유하는 거울과 저울 같다.《지극히 사적인 네팔》을 읽고 나니 이제 네팔은 나에게 지극한 별이 되었다. 그리고 이 우주를 조금 더 이해하게 되었다.

이병률(시인, 여행 작가)

어쩌면 운명이나 인연이라는 게 진짜 있을지도 모른다. 적어
도 나는 운명이나 인연이라는 게 실재한다고, 조금은 믿게
됐다.

2007년 아빠와 엄마는 한국으로 여행을 다녀오셨다. 그러
고는 갑자기 유학 이야기를 꺼내셨다. 아빠는 한국에서 지인
분과 약주를 드시다가 "내 아들놈 유학 보내고 싶다."라고 하
셨는데, 지인 분이 "그럼 한국에 보내라. 내가 도와주마."라
고 하신 거다. 말이 나온 김에 본인이 나온 대학교도 보고 가
라며 안내해 주셨다고 한다. 그 학교가 단국대학교였다. 엄
마는 도서관을 보고 충격을 받으셨다. 건물 두 채가 다 도서
관이라고, 책으로 가득 채워져 있다고, 당신이 학생이라면
신나서 하루 종일 도서관에서 살 거 같다고 말씀하셨다. 이

렇게 두 분은 나와 상의도 없이 마음대로 유학 프로젝트를 가동하셨다.

그때 나는 아무 생각도 없었다. 한국에 대해서는 북한과 대치 중인 불안한 나라라는 것 말고는 아는 게 없었다. 영어권 나라도 아니고 왜 한국으로 유학을 가라고 하는지도 이해할 수 없었다. 그래서 아빠와 엄마의 '강요' 같은 '권유'가 탐탁하지 않았다. 다행히 협상의 여지는 있었다. 어차피 내가 한국에서 공부를 하려면 일단 한국어를 배워야 했다. 먼저 어학연수를 해 보라는 말씀을 거역할 수는 없었다. 무엇보다도 어학연수 비용은 아빠가 내주겠다고 하시니 거절할 이유도 없었다. 게다가 어학연수 비자는 체류 기간이 90일이다. 딱 90일만 버티면 되겠지 하는 계산도 있었다.

그런데 현실은 녹록하지 않았다. 네팔 사람들이 한국에 가는 목적은 보통 어학연수나 학업, 일 셋 중 하나다. 나는 어학연수 비자를 신청했는데 비자가 안 나오는 거다. 세 번이나 거절당했다. 아마 그때가 내 인생 중 가장 자존감이 떨어졌을 때일 거다. 무슨 이유인지는 모르지만 세 번이나 비자 발급이 거부되니 모든 게 다 싫어졌다. 한국이라는 나라도 비호감으로 바뀌었다. 나를 거부하는 나라라고 생각하니 좋은 감정이 들 리가 없었다. 한국에 갈 마음이 완전히 사라졌다.

그때 아빠의 지인이 네팔로 오셔서 나를 한국 대사관으로 끌고 가셨다. 왜 비자 발급이 안 되는 거냐면서 직원들에게 항의하고는 비자 신청 서류를 받아 다시 접수하도록 시키셨다. 그분 덕분에 나는 어학연수 비자를 받고 한국에 올 수 있었다.

돌이켜 보면 이 모든 게 아빠의 오지랖 덕분이다. 아빠는 사람들을 초대하고 대접하는 걸 즐기셨다. 아빠의 지인 중에는 한국에서 일하는 네팔 사람도 있었다. 그분이 알게 된 한국 분들은 1년에 한 번씩 휴가 때 네팔을 찾아오셨다. 그러면 아빠는 공항까지 나가서 그분들을 픽업하고 집으로 초대해서 대접했다. 엄마랑 아빠를 한국에 초대하고, 내 한국 유학을 권유하고, 한국행을 도와주신 분이 바로 그 일행이었다.

한국에 처음 왔던 날을 지금도 생생하게 기억한다. 한국이 발전했다는 이야기를 듣긴 했지만, 새벽 4시에 도착한 인천공항은 상상을 초월하는 규모였다. 인천공항의 디테일을 보니 이곳으로 유학을 온 게 헛되지 않을 거라는 예감이 들었다.

공항 밖에는 3월의 봄눈이 내리고 있었다. 태어나서 처음으로 보는 눈이었다. 카트만두에서는 볼 수 없는 광경이었다. '눈이 내리면 이렇게 세상이 아름답게 보일 수 있구나.' 얼른 나가서 만져 보고 싶었다. 그렇게 공항 밖을 나서서 새벽 공기를 들이마시고는 곧바로 후회했다. 이가 갈릴 정도로 추웠다. 이렇게 추운 나라에서 어떻게 살지?

"안녕하세요. 감사합니다." 딱 이 두 마디만 알고 한국에

지극히 사적인 네팔

왔었는데, 이렇게 길어질 줄은 몰랐다. 3개월 어학연수 비자를 6개월로 연장하고, 대학생이 된 다음에는 직장인이 됐다. 벌써 13년 차다. 아빠의 오지랖이 만들어 낸 인연으로 한국에 온 다음에는 나와 얽힌 인연들이 새로운 운명을 열어 주었다. 대학교 때 아르바이트가 인연이 되어 직장을 구했고, '비정상회담'을 통해 네팔을 알릴 기회도 얻었다.

'비정상회담'은 나에게 새로운 꿈을 꾸게 해 주었다. 내 나라를 더 많은 사람들에게 알려 주고 싶다는 생각이 들었다. 하지만 방송으로는 분명한 한계가 있었다. 내가 알고 있는 네팔을 생생하게 전달하고 싶었다. 한국에서 네팔을 소개하는 책은 거의 히말라야를 소개하거나 여행 가이드가 대부분이었다. 네팔에 대해 아직 알려지지 않은 것들과 견고하게 자리 잡은 선입견에 대해 제대로 설명할 수 있는 책이 필요했다.

그런데 막상 책을 쓰려고 보니 막막했다. 네팔은 126개 민족이 각자의 문화를 지키며 살고 있는 나라다. 내가 이야기하는 네팔이 과연 진짜 네팔일까. 내가 이야기하는 네팔은 사실 내 눈을 통해 본 네팔이다. 내 이야기가 과연 네팔을 알리는 데 도움이 될까. 방송에서 단편적인 정보를 소개하는 것과는 차원이 다른 이야기였다. 어떻게 할까 고민할 때, 알베르토 형이 이탈리아를 소개한 책을 보며 힌트를 얻을 수 있었다. 이 책은 기본적으로는 '네팔'이라는 나라를 알리는 데 목적이 있지만, 내가 나고 자라면서 겪었던 일들에 대한 사적인 이야기가 담긴 책이다. 내가 감히 네팔을 대표하지는 못하지만, 네팔인 수잔 샤키야를 대표하는 것은 나밖에 없다. 네팔이 아닌 나의 이야기라면 당당하게 이야기할 수 있다.

병인년은 호랑이의 해다. 2011년 한국어 수업에서 속담을 배우던 시간이 기억난다. "호랑이는 죽으면 가죽을 남기고, 사람은 죽으면 이름을 남긴다." 속담은 멋진데 이름을 어떻게 남기지, 늘 생각만 해 왔다. 호랑이의 해, 이 책으로 내 이름 세 글자, 아니 다섯 글자를 남길 수 있게 되어 참 기쁘다.

한국살이에 어려움이 있을 때마다 다음 스텝으로 나아갈 수 있게 늘 도움을 주는 고마운 분들이 있었다. 그분들과의 인연이 운명이 되어 지금의 내가 있다. 그 소중한 인연들에게 감사드리며 이 책을 바친다.

2022년 3월
수잔 샤키야

신과 만났다면
이렇게 인사하세요,

———

"나마스테"

'나마스테(नमस्ते, Namaste)'는 네팔과 인도에서 쓰는 인사말이다. 힌두교와 산스크리트어 문화권에서 사용한다고 보면 된다. 네팔에서는 '너머스테'가 원어에 더 가까운 발음이다.

네팔에서 '나마스테'는 언제 어디서든 쓸 수 있다. 만날 때와 헤어질 때, 누군가와 부딪혀서 사과할 때, 심지어는 상가(喪家)에서도 사용할 수 있는 인사다. 그만큼 보편적인 문화이고 예의다. 그냥 누구를 만났다면 바로 "나마스테." 하고 손을 모으면 된다.

나는 이 인사말 덕분에 한국에서 적응을 좀 더 빨리할 수 있었다. 처음에 한국에 와서 학교를 다닐 때는 나도 당연히 한국식으로 인사했다.

"안녕하세요."

서툰 한국어로 더듬더듬 말하면 상대방도 "안녕하세요."
나 "안녕."이라고 받아 줬다. 그러고는 끝. 대화를 잇기 어려
웠다. 나한테 더 이상 할 말이 없었을 것이다. 나도 마찬가지
였으니까. 그만큼 공통의 관심사가 없었다. 이야기를 나누려
고 해도 서로 어색하기만 했다. 내가 외국인인데다, 네팔이
라는, 한국인에게는 정서적으로 꽤 먼 나라에서 왔으니 어찌
보면 당연한 일이었다. 그러다가 어느 날 학교에서 발표를
하게 됐는데, 인사말을 '안녕하세요'에서 '나마스테'로 바꾸
었다. 왠지 그래야 할 것 같았다. 그런데 친구들의 반응이 갑
자기 달라졌다.

"나마스테? 어디서 많이 들어 봤는데?"

"어? 그거 우리 요가 선생님이 하는 말인데?"

'아, 한국에서는 네팔보다는 나마스테가 더 익숙하구나.'

한국에서 네팔 친구들을 만났을 때 "나마스테."라고 인사
하는 경우는 드물다. 우리 입장에서 '나마스테'는 좀 옛말 같
은 느낌이다. 그냥 "안녕." 하는 게 더 편하다. 그런데 발표 때
"나마스테." 하고 인사를 하니 한국 친구들이 오히려 관심을
가지고 이것저것 묻기 시작했다.

"그게 무슨 뜻이야?"

"언제 하는 인사야?"

"헤어질 때는 뭐라고 말해?"

"요가를 할 때는 왜 나마스테를 써? 선생님한테 물어보니 모른다고 하시던데?"

한쪽 구석에서 겉돌기만 했는데 갑자기 관심의 대상이 되어 이것저것 질문을 받으니 재미있으면서도 당황스러웠다. 그런데 나도 이런 생각을 했다. 도대체 '나마스테'가 무슨 뜻이지? 그 말인즉슨, 나도 나마스테가 무슨 뜻인지 몰랐다는 의미다. 태어날 때부터 지금까지 써 온 인사말이었으니까. 거기다가 네팔어도 아닌 산스크리트어니까. 한국 사람한테도 '안녕(安寧)하세요'가 무슨 의미냐고 물어보면 제대로 대답하는 사람이 얼마나 될까? 이 책을 함께 준비한 홍 작가에게도 물어봤는데, "아마 밤새 몸 성하게 지냈냐는 의미일 걸요?"라면서 눈길을 피한다. 아무튼 모처럼 관심을 받았는데, "몰라요."라고 할 수는 없었다. 그래서 나마스테에 대해 공부하기 시작했다. 그러고는 이 말의 의미를 제대로 전달하려면 네팔을 이야기해야 한다는 것을 깨달았다. 결국 이 책을 쓰게 된 것은 다 나마스테 덕분이다.

세상 모든 것을
배려하는 인사법

나마스테는 이런 의미다.

"मेरो आत्माले हजुरको आत्मालाई सम्मान गर्द छ।"

(메로 앗트말레 허주러코 앗트마라이 섬만 걸더처)

"내 안에 있는 신(神)이 당신 안에 있는 신(神)을 존중한다."

이 인사를 언제부터 썼는지는 모른다. 우리는 '이 세상이 생길 때부터 있었던 말'이라고 생각한다. 인간이 태어났을 때부터, 힌두교가 생겼을 때부터라고 해도 크게 다르지 않다.

의미에서 알 수 있듯이 나마스테는 종교 색채가 짙은 말이다. 네팔에서는 생활 공간에 존재하는 모든 것들에 신이 깃들어 있다고 믿는다. 이 세상에 태어나 존재하는 것들에는 신이 있다고 믿는 것이다. 생명체만이 아니라 사물이나 도구 자체도 신이다. 만약 내가 컴퓨터를 사용해서 밥벌이를 한다면 컴퓨터도 신이다. 네팔에서는 이런 기계들을 기리는 날도 있다. 더샤인[1] 축제의 아홉 번째 날은 공장의 기계를 멈추고

---

1   더샤인(दशैं, Dashain)은 네팔에서 가장 중요한 축제다. 한국의 추석과 비

건축의 신 혹은 기술자의 신인 비스워커르머.
이 신을 기리는 날에는 모든 기계를 멈추고 돌보며 감사를 드린다.
© Wikipedia

자동차나 오토바이를 깨끗이 닦고 정비하는 날이다. 비스워커르머(Vishhwakarma)라는 '건축 혹은 기술의 신'을 기리기 위해서다. 모든 기계를 멈추고, 앞으로 또 1년간 잘 부탁드린다는 의미로 "나마스테."라고 인사를 드린다.

역사가 오래된 만큼 활용형도 있다. 격식을 차려야 하거나, 나보다 신분이 높은 사람을 만났을 때는 '나마스테' 대신 '너머스칼(नमस्कार, Namaskar)'이라고 한다. 나마스테 뒤에 신의 이름을 붙일 때도 있다.

"나마스테, 저에 섬보.(नमस्ते, जय शाम्भो)"

이렇게 말하면 "안녕하세요. 잘 지내죠?"라는 뜻이다. 나마스테 뒤에 번창하라는 의미의 '저에(जय)'와 시바 신의 이름인 '섬보(शाम्भो)'를 붙였다. 신의 이름을 부르며 하루의 죄과를 씻어 내고 평안하라는 기원이다. "나마스테 버거완 서러넘.(Namaste Bhagwan Saranam)"이라고 인사할 때도 있다. 직역하면 '신에게 피신하다'라는 뜻으로, '항상 신 앞에서 겸손하고 신에게 보호받으라'는 의미로 보면 된다.

나마스테가 담고 있는 가장 중요한 의미는 상대에 대한 배려라고 할 수 있다. 내게 있는 신을 존중하는 만큼 당신의 신

숫한 명절이라고 보면 된다. 축제 기간은 무려 15일에 달한다. 그 기간 동안 여러 신들을 기리는 의식을 치르며 축제를 즐긴다.

지극히 사적인 네팔

을 존중한다는 뜻이다. 힌두교나 불교에서는 수인(手印)을 맺는 손동작을 무드라(Mudra)라고 한다. 불상을 보면 부처님이 여러 가지 손동작을 하고 있는 것을 볼 수 있는데, 이게 무드라다. 두 손을 모으는 합장은 무드라 중에서도 가장 쉽고 기본적인 동작이다. 손바닥이 만나는 순간에 좋아하는 것과 싫어하는 것이 사라지고, 평화가 온다는 의미다. 요가에서 가장 쉬운 동작의 이름이 나마스테인 이유와도 통한다. 모든 사람이 다치지 않게끔 하자는 의미다. 나뿐만이 아니라 옆에 있는 사람들도 챙기자는 것이다.

나마스테 동작은 간단하다. 정석 인사법은 이렇다. 상대와 1미터 정도 거리를 둔다. 두 손을 모은다. 45도 정도 허리를 구부리며 "나마스테."라고 말한다. 이게 다다. 다만 반드시 서서 해야 한다. 손을 합치는 건 당신을 공격할 의도가 없다는 의미다. 또한 손을 합치면 에너지가 배출되는데, 그 에너지를 상대방에게 전달한다는 의도를 담은 동작이다. 말을 하지 않고 손동작만 해도 나마스테로 여기기도 한다.

신에게 기도할 때도 나마스테 동작을 한다. 나마스테에는 '신에게 간절히 빈다'는 의미와, '신에게 부탁하는 게 미안하다'는 의미도 있다. 모든 것이 신이라고 믿는 힌두교에서는 신에게 기원할 것도 많고, 그만큼 미안할 것도 많다. 기원하고자 하는 신 앞에 서서 나마스테 자세를 하고, 계속 그 자세

'나마스테'는 세상의 모든 것을 배려하는 인사법이다. ⓒ Getty Images

를 유지한다. 그러고는 그 신이 입고 있는 옷을 갈아입히거나, 비둘기를 풀어 주거나, 공물을 바치거나 하는 식으로 신에게 고마움을 표시한다.

나마스테는 이렇게 좋은 뜻을 가진 훌륭한 전통 인사법이다. 한국에서는 나마스테 덕분에 친구들의 관심을 얻을 수 있었다. 하지만 나는 나마스테가 네팔 사회의 보수성을 보여 주는 인사법이라고 생각한다. 담고 있는 의미는 더없이 훌륭하고, 남녀노소 구별하지 않고, 상황 불문하고 사용할 수 있다. 처음 보는 사이에서도 문제를 일으킬 여지가 없다. 스킨십이 없는 인사법이기 때문이다. 언제 봤다고 손을 맞잡고 껴안으면서 인사를 할까. 이런 면에서는 스킨십에 익숙하지 않은 한국 사람들의 정서가 네팔 사람들과 비슷하다. 하지만 네팔에서는 스킨십에 너무 엄격하다. 나로서는 이게 다 나마스테 인사법 때문인 것만 같다는 생각이 든다.

나마스테는 힌두교 사회의 질서를 보여 주는 인사말이다. 서로의 신을 존중한다는 것은 상대방에게 간섭하지 않겠다는 말도 된다. 자기가 타고난 것들과 상대방의 그것을 인정해야 한다는 생각이 바탕에 깔려 있다. 전통이나 관습에 대해 도전할 마음을 갖기 어렵다. 변화가 더디다. 젊은 사람들은 답답해 할 수밖에 없다. 이게 다 나마스테 때문이라는 의미가 아니라, 나마스테로 상징되는 질서에 대한 이야기다.

남녀 차별도 심하고, 남녀 간의 만남도 엄격히 세한된다. 나는 네팔에 있을 때는 단 한 번도 연애를 해 보지 못했다. 어쩌면 내가 나마스테라는 인사말을 조금 부정적으로 보는 이유는 네팔에서 한 번도 여자 친구를 사귀어 본 적이 없어서인지도 모르겠다.

지극히 사적인 네팔

'로미오와 줄리엣'의
눈물이 네팔에도 있다

나는 네팔에서는 스킨십이 거의 불가능해서 이성 교제가 불가능하다고, 그래서 내가 여자 친구를 못 사귀었다고 설명한다. 그만큼 이성 교제에 있어서 보수적이다. 공공장소에서 이성과 이야기를 나누면 눈길이 쏟아진다. 몰래 만나거나 편지를 써서 마음을 전달해야 한다. 그렇다. 네팔에서 이성과 사귀려면 살 떨리는 '비밀 연애'를 각오해야 한다. 그래서 나는 네팔의 이성 교제나 연애에 관해서 할 말이 별로 없다. 대신 우리 엄마와 아빠의 러브 스토리로 갈음해 보겠다.

처음 시작은 이랬다고 한다. 우리 할머니, 즉 아빠의 엄마와 엄마네 친척이신 할머니가 먼저 협상을 시작했다. "막내아들과 이쪽 딸하고 나이대가 비슷한데 만나게 하면 어때?" 우리 아빠는 이 말을 듣고는 엄마가 어떻게 생겼는지 궁금해서 몰래 집을 찾아갔다. 같은 동네에 산다니까 잠깐 보러 간 것이다. 하지만 아빠는 엄마가 계단에서 빗질하는 뒷모습만 볼 수 밖에 없었는데, 그래도 그 모습에 반해 버렸단다. 그래서 할머니에게 "나 결혼할래요."라고 했다. 아빠의 결혼 선언에 집안끼리 진지하게 결혼 얘기가 오가기 시작했다. 정작 당사자들은 서로 얼굴 한번 본 적이 없는데도 말이다.

당시 아빠는 열아홉쯤, 엄마는 열예닐곱쯤이었다. 아빠는 이미 고등학교를 졸업했어야 할 나이였지만 학교를 계속 다니고 있었다. 아빠가 축구를 잘한다는 이유로 학교에서 졸업을 안 시켜줬다고 한다. 그러다 보니 학교 일도 도울 때가 있었는데, 마침 엄마가 아빠가 다니는 학교에 시험을 치러 왔다. SLC(School Learning Certification)라는 일종의 고등학교 입학 자격시험이었다. 시험 감독을 하게 된 아빠는 엄마의 뒷모습만 보고도 바로 알아봤다. 아빠는 다른 수험생들에게는 매우 엄격하게 굴면서도 엄마에게는 친절하게 대했다. 이 일을 계기로 엄마와 아빠는 사귀게 됐고 결국 결혼까지 직행했다. 학교에서 엄마 얼굴을 처음 봤다는 아빠 말이 썩 믿기지는 않지만 아들된 도리로 눈 딱 감고 "믿을게요."라고 할 수밖에.

아빠의 활동력과 눈썰미 덕분에 살짝 달달한 연애담이 됐지만, 네팔에서 결혼은 중매혼이 일반적이다. 아빠와 엄마

지극히 사적인 네팔

의 경우처럼 보통 부모님이나 친족을 통한다. 내가 할머니께 "저 결혼하고 싶어요!"라고 말씀드리면, 할머니는 기다렸다는 듯이 "오냐, 잠깐만 기다리렴." 하시고는 짝이 될 만한 사람의 사진을 가져오실 거다. '라미(लामी, Lami)'라고 불리는, 중매를 전문으로 해 주는 사람들도 있다. 지금은 그나마 사진이라도 있어서 다행이지 예전에는 사진도 없었다. 아빠가 엄마를 괜히 훔쳐보러 간 게 아니다.

마음에 드는 상대가 있다면 궁합을 본다. 네팔에서는 '그러허 더샤 헤르누(ग्रह दशा हेर्नु, Graha Dasha Hernu)'라고 하는데, 말 그대로 궁합이라는 뜻이다. 나와 내 상대가 태어났을 때의 별자리를 보고, 서로가 얼마나 맞는지를 확인하는 절차다. 이때 '이력서'가 등장한다. 무엇에 대한 이력서냐 하면 '내 인생'에 대한 이력서다. 민족별로 다르지만 내가 속한 민족인 네와르(Newar) 민족의 경우, 태어난 지 7일이 지나면 바로 '인생 이력서'를 만든다. '조티시(Jyotish)'라고 불리는 네와르 민족의 '브라만' 역할을 하는 점성가들이 우리의 생일과 별자리 등을 가지고 이력서를 만들어 준다. 이 이력서를 '치나(चिना, Cheena)'라고 부른다.

치나는 점성가들이 미래를 예측하는 데 사용하는 출생 기록이다. 치나를 만들려면 점성가에게 내 이름과 태어난 날짜, 시간, 출생지를 알려 줘야 한다. 하나라도 잘못 알려 주

조티시인 라젠드라 조시(Rajendra Joshi) 씨가 들고 있는 치나.
치나는 매우 복잡한 구조로 돼 있다. 조티시는 이런 모양의 인생 이력서를 작성하고
궁합을 봐 주는 일을 하며 대가를 받는다. ⓒ Rajendra

면 치나를 제대로 만들 수 없기 때문에 모든 것을 정확하게 전달해야 한다. 조티시는 이 정보들을 가지고 자신들만이 알고 있는 복잡한 계산법을 사용해서 별자리, 띠, 궁합에 대한 요소들을 기재한다. 내 이력서와 상대방의 이력서를 비교하는 일도 조티시가 한다. 조티시는 결혼에 앞서 서류 면접 심사관이나 마찬가지인 셈이다. 조티시는 이런 일을 하면서 돈을 많이 번다. 무슨 이런 걸로 돈을 쓸어 담나 싶지만 어쩔 수 없다. 조티시 없이는 여러 경조사를 치르기 어려운 문화다.

서류 심사를 통과하면 이제 '작전'이 시작된다. 왜 작전이냐 하면 그만큼 조심스럽게, 소문이 나지 않도록 해야 하기 때문이다. 먼저 첫 만남을 가질 장소를 물색한다. 남자의 집이나 여자의 집이 아닌 제삼자의 집을 고른다. 네팔에는 많은 사람이 모일 만한 음식점이나 찻집이 별로 없다. 좁은 동네다. 눈에 띄면 소문이 난다. 소문이 나기 쉬운 이유는 첫 만남이 바로 상견례 비슷한 가족 모임이기 때문이다. 네팔은 기본적으로 대가족이다. 3대 이상이 모여 산다. 두 집안의 가족들이 모두 모이면 상당한 수다. 그래서 제삼자의 집을 섭외한다.

첫 만남이 성사되면 가족들끼리 담소를 한다. 그러면 중매 당사자인 두 명은 따로 빠져나와서 이야기를 나눈다. 가족들

사촌형과 형수가 결혼 전에 찍은 사진. ⓒ Sujan

이 만나는 것만 빼면 소개팅이랑 비슷할 수도 있다. 그러고
는 서로 마음에 들면 2~3회 정도 더 만나고 후다닥 결혼한
다. 만나는 횟수는 많아야 6~7회 정도다. 다행히 2회 차부터
는 가족들까지 모이지는 않는다. 결혼할 때까지는 비밀 엄수
다.

이 과정을 비밀스럽게 해야 하는 이유는 중매로 '상견례'
까지 했는데 결혼을 하지 않으면 좋지 않은 소문이 돌기 때
문이다. 둘 중에 누가 흠이 있는 게 아닌가 하는 소문 말이다.
만약 이런 소문이 돌면 여성이 훨씬 더 불리하다. 결혼이 어

지극히 사적인 네팔

그러지면 남자도 좋을 게 없지만, 여자 쪽에 흠이 있는 게 아니냐는 선입견을 감당해야 한다.

집안의 윤회를 잇는
결혼 문화

여기까지만 보면 네팔의 결혼 문화는 예전 한국의 그것과 크게 다를 게 없어 보인다. 부모님이나 집안 어른이 나서서 중매를 주선한다. 그러고는 몇 번 만난 후 결혼하는 방식이니 말이다. 첫 만남 때 상견례를 하듯 집안사람들이 다 모이는 것만 빼면 비슷해 보인다. 근대화가 진행 중인 나라에서라면 크게 이상하게 보이지 않을 문화다. 그러나 네팔의 결혼 문화는 관습이라는 키워드만으로는 풀기 어렵다. 네팔의 결혼은 네팔의 전통, 문화, 종교, 민족, 카스트까지 모든 게 얽혀 있기 때문이다.

결혼할 때 보통 집안 어른들이 나서는 이유는 이렇다. 네팔에서는 같은 민족끼리, 그중에서도 같은 성씨끼리 결혼한다. 물론 사촌과 결혼하는 정도는 아니다. 결혼하려면 적어도 촌수가 칠촌은 넘어야 한다. 칠촌이면 사실 남이나 마찬가지지만 친척이 아닌 것도 아니다. 부모님 대로만 넘어가도 촌수가 확 좁혀진다.

이렇게 하는 이유는 윤회를 믿기 때문이다. 같은 혈통끼리 결혼해야 내 조상, 그리고 내가 계속해서 우리 집안에서 태어날 수 있다고 믿는다. 이 시대에 이런 걸 진지하게 믿느냐고? 글쎄, 진지하게 믿는 사람이 얼마나 될지는 솔직히 모르겠다. 그냥 그렇게 태어났다고 해야 할까. 믿음의 영역이라기보다는 태어날 때부터 주어진 삶의 기준이라는 느낌이 더 강할지도 모르겠다. 이 기준이 무너지면 불안하고, 모든 불행의 원인을 잘못된 결혼에서 찾게 되지 않을까.

이런 상황이니 같은 민족이라도 성씨가 다르면 결혼하기 어렵다. 다른 민족끼리 결혼한다는 것은 생각만 해도 골치가 아프다. 넘어야 할 난관이 너무 많다. 민족이 다르면 문화도 다르다. 단일 민족 국가인 한국인 입장에서는 이해하기 어려울지 모르겠다. 하나의 국가, 하나의 민족, 하나의 언어, 하나의 문화. 여기에 종교와 정치가 분리되어 있다는 것은 축복이다.

네팔은 다민족 국가다. 인구는 3,000만 명 정도인데 민족은 무려 126개다. 민족마다 언어와 문화가 다르다. 공용어인 네팔어의 사용 비율도 44.6퍼센트에 불과하다. 다른 민족의 언어를 이해하려면 따로 배워야 할 정도다. 같은 동네에 살아도 옆집이 다른 민족이면 장례 문화나 결혼 문화가 완전히

지극히 사적인 네팔

다르다. 이렇게 한번 생각해 보자. 한 동네에 한국인, 중국인, 일본인, 미국인, 아르헨티나인, 네팔인, 이란인이 산다면 그들과 어떻게 지낼 것인가. 어울리면서 살 수는 있을지 몰라도 가족이 되기는 어렵지 않을까.

모두 적극적으로 소통하며 장벽을 없앨 수 있다면 좋겠지만 현실은 쉽지 않다. 한국에서도 결혼하면 집안끼리 갈등이 생긴다고 하는데, 아예 민족이 다르면 원만하게 지낼 수 있는 집이 얼마나 될까.

네팔에 있었을 때 나는 어렸기 때문에 결혼에 대해 깊게 생각해 본 적은 없었다. 만약 한국에 오지 않았다면 나는 이미 결혼했을지도 모른다. 네와르 민족은 막내가 부모님을 모신다. 형이나 누나는 어릴 때부터 부모님과 함께 고생을 했으니 제일 귀여움을 받고 자란 막내가 부모님을 모셔야 한다는 논리다. 그런데 나는 장남이자 막내, 그러니까 외동아들이다. 네팔에 가면 가업을 잇고 결혼해서 부모님을 모셔야 한다는 압박을 받는다. 같은 민족인 사람과 결혼하면 이런 문화를 구구절절 설명할 필요가 없다. 그런데 다른 민족과 결혼한다면 어떨까. 서로 다른 부분들의 간극을 어떻게 메워야 할지 감이 잡히지 않는다. 우리 민족에게는 합리적인 것들이 다른 민족이 보기에는 불합리하고 불쾌할 수도 있다.

네팔 사람들은 적어도 결혼 때문에 분쟁을 만들지 말자는 암묵적인 합의가 있다고 생각한다. 결혼만이 아니다. 다른 민족들의 문화를 간섭하거나 함부로 대하지 않는다. 마찬가지로 다른 민족도 우리 문화를 존중하고 배려한다. 네팔에는 민족 갈등이 없다. 종교 갈등도 없다. 존중하되 간섭하지 않는다.

한국에 오기 전에는 네팔의 연애 문화나 결혼 문화가 답답했다. 모든 게 어른들이 정한, 불합리한 전통이라고 생각했다. 《로미오와 줄리엣》 같은 이야기는 네팔에서도 인기다. 실제로 민족이 달라서, 성씨가 달라서 맺어지지 못하는 사람들이 많다. 네팔판 《로미오와 줄리엣》도 있다. 《라자머띠 (Rajamati)》라는 작품이다. 라자머띠는 네팔판 줄리엣의 이름이다. 부유한 가문에서 태어난 아름다운 라자머띠와 가난한 집에서 태어나 꽃을 파는 남자 투이시의 비극적인 사랑 이야기다. 두 사람은 같은 네와르족이지만 성(姓), 직업, 사회적인 위치가 달라서 사랑을 이루지 못한다. 옛날이야기가 아니라 지금도 찾아볼 수 있는 네팔의 비극이다.

심지어 이런 일이 우리 집에서 벌어지기도 했다. 내 첫째 동생은 인도계 네팔 사람과 결혼했다. 네와르족이 아닌 다른 민족과 결혼한 것이다. 첫째 동생도 원래는 중매로 결혼할 예정이었다. 선을 보고 집안 상견례도 끝냈다. 다행히 두 사람 모두 서로가 마음에 드는 눈치였다. 그런데 서로의 궁합

지극히 사적인 네팔

을 본 조티시가 헛소리를 한 모양이다. "둘이 잘 안 맞네요." 궁합이 안 맞는다고 꼭 결혼하지 말란 법은 없다. 그러나 집안사람들은 못내 껄끄러웠던 것 같다. 다른 사람을 알아보자며 동생에게 압박을 넣었다.

동생은 결국 폭발했다. 상대와 헤어진 뒤 평생 결혼하지 않겠다며 모든 중매를 거부했다. 그 후 승무원을 준비하던 동생은 학원에서 만난 강사와 결혼하겠다는 폭탄선언을 했다. 조짐이 있다는 건 알고 있었다. 3년 동안 집에 바래다주기도 하고 둘이 연애질하는 걸 아무도 못 봤을 리 없으니까. 둘이 사귀는 거 아니냐는 의심의 눈초리를 받을 때마다 두 사람은 신의 이름을 걸고 절대 아니라고 부인했다. 그러던 동생이 갑자기 다른 민족 남자와 궁합도 안 보고 결혼하겠다고 하니 집안이 발칵 뒤집혔다. 전선(戰線)은 할머니와 동생 사이에 그어졌다. 할머니는 동생의 단호한 결의에 결국 항복하시긴 했지만 예언자처럼 뒤끝을 남기셨다.

"나중에 후회한다고 하기만 해 봐라."

할머니의 'I told you(그게 내가 뭐랬어)' 선언이었다. 둘 사이에 조금만 문제가 생겨도 "내가 뭐라고 했니." 하며 저격할 준비를 하고 계신다.

나는 한국에 있었기에 동생의 결혼 과정에서 어떤 일이 있었는지 구체적으로 알지는 못했다. 코로나19 때문에 결혼식

연애결혼에 성공한 첫째 동생의 결혼식.
남편을 보면 우리 민족과 다르다는 것을 한눈에 알 수 있다. ⓒ Sujan

중매로 결혼한 막냇동생. ⓒ Sujan

도 못 갔으니 미안할 뿐이다. 나는 동생 마음을 이해한다. 해외에 나와서 보면 결혼할 때 민족을 구분하고 관습을 따르려고 하는 게 구태의연한 악습처럼 보인다. 얼마나 상처를 받았을까.

네팔 사람들이 민족끼리, 같은 성씨끼리 결혼하는 데에는 옳고 그름을 떠난 나름의 이유가 있다. 긍정적으로 보면 서로 부딪히지 않고 더불어 살아가기 위한 나름의 지혜다. 이런 풍습을 사라져야 할 악습이라고 단정하기에는 아직 이르다. 네팔에는 변화가 필요하지만 속도 조절이 필요하다. 변화도 있다. 지금은 10명 중 4명 정도는 다른 민족, 성씨와 결혼한다고 한다. 일 때문에 도시에 나와서 사는 사람들이 대부분이다. 한곳에 정착해서 대규모 가족을 이루고 있을 때는 지켜야 할 게 많지만, 몸이 가벼워지면 그만큼 부딪힐 일도 적다. 다른 나라들처럼 산업화가 되고 직업이 재편되고 대가족이 무너지면, 결혼 문화 말고도 많은 게 바뀔 것이다. 네팔에는 이런 것보다 더 시급한 과제가 있다. 카스트다.

내가 하는 일이
나의 카스트입니다

카스트(Caste)는 힌두교 문화권에서 신분을 구분하는 방식이다. 다른 문화권에서는 근대화와 함께 신분 구분이나 신분제도가 사라졌지만 힌두교 문화권에서는 아직도 사라지지 않았다. 네팔은 인구의 약 80퍼센트가 힌두교를 믿는 나라다. 여전히 카스트가 남아 있다.

네팔의 카스트는 5세기 무렵부터 있었다고 한다. 아마 힌두교가 들어오면서부터 서서히 카스트를 통한 통치 체제가 만들어졌던 것 같다. 하지만 카스트가 명문화된 법이었던 것은 아니다. 영토가 확장되고 다른 민족들이 통치 체제에 편입되면서 카스트가 사회 통합의 원리로 작동했다고 보면 된다. 그러다가 1854년 네팔을 통일한 샤하(Shah) 왕조가 흔들리면서 섭정을 맡은 라나(Rana)들이 권력을 잡았을 때 카스트를 명문화했다. 이 법은 100여 년이 지난 1963년에야 폐지됐다. 네팔은 20세기 중반까지 중세 시대를 살고 있었던 것이다.

네팔의 카스트에는 네 가지 신분이 있다. 브라민(बाहुन/ब्राह्मण, Brahmin), 체트리(क्षेत्री, Chhetri), 바이샤(वैश्य, Vaishya), 수드라(शूद्र, Shudra)다. 한국에서 브라만, 크샤트리아, 바이샤, 수드라로 알려진 카스트와 마찬가지라고 보면 된다. 브라민은 승려, 체트리는 무사, 바이샤는 화이트칼라 직종 종사자로 보면 된다. 수드라는 노예라고 알려져 있는데 전혀 그렇지 않다. 카스트가 있었던 다른 나라는 어땠는지 모르지만, 네팔에서는 노예 개념이 없었다. 수드라는 사장인 바이샤 밑에서 일하는 노동자 정도로 보면 된다. 전통적으로는 농민이나 장인, 일용직 노동자들이 수드라였다.

카스트에 대해 이야기하면 반드시 받는 질문이 있다. 그렇다면 '너는 무슨 신분이냐'는 거다. 한국식으로 따진다면 '그래서 너는 양반이야, 상놈이야'를 묻는다고나 할까. 앞에서 설명을 듣고 있는 홍 작가도 궁금하다는 표정이다. '그래서 수잔, 네 카스트는 뭔데?' 기대하는 대답이 무엇인지도 짐작한다. 아마 브라민일 것이다. 내가 한국에서 대학을 다녔으니 신분이 높을 거라고 생각하는 분들이 많다.

내 카스트를 밝히기에 앞서, 우리 가문 이야기를 먼저 해야

농사일을 하던 중 식사를 하고 있는 수드라 사람들. ⓒ PhotoKhichuwa

겠다. 내 성은 샤키야(शाक्य, Shakya)다. 샤키야는 카트만두에서 나름 유서 있는 가문이다. 네와르 민족에서는 우리 가문을 모르는 사람이 없다. 무엇보다도 족보 윗줄에 싯다르타가 있다. 불교를 창시한 그분이 맞다. 한국에서는 싯다르타를 석가모니라고 부르던데, 석가모니는 산스크리트어 샤캬무니(Shakyamuni)를 음역한 말이다. 샤캬무니는 '샤키야의 현자(Sage of the Shakyas)'라는 뜻이다. 여기 나오는 샤키야가 바로 우리 가문의 샤키야다. 그뿐만이 아니다. 네팔에는 살아 있는 여신 쿠마리를 샤키야 또는 버즈라차르여(Bajracharya) 가문에서 선발한다. 특히 카트만두의 로열 쿠마리는 샤키야 가문에서만 선발한다. 내 둘째 여동생은 어릴 적에 쿠마리 후보로 뽑히기도 했다. 바로 떨어지기는 했지만.

이런 배경을 가지고 있다 보니, 〈JTBC〉 '내 친구의 집은 어디인가'에서 형들이 나를 네팔 왕자라고 놀리기도 했다. 물론 나는 절대로 네팔 왕자가 아니다. 네팔 왕정은 2007년에 폐지됐다. 우리 집안은 왕족과 직접적인 관계가 없다. 내카스트는 이렇다. "카트만두 네와르 민족의 샤키야입니다."

이렇게 대답하면 대부분 혼란스러울 것이다. 앞에 앉아 있는 홍 작가도 "아, 그렇군요." 하면서, 뭔가 이해한 척하지만 전혀 이해하지 못한 것 같다. '그러니까 당신 카스트가 뭐냐니깐?'

지극히 사적인 네팔

군이 따지자면, 나의 힌두교식 카스트는 바이샤다. '샤키야' 가문의 카스트가 바이샤라는 말이다. 샤키야는 예로부터 카트만두에서 상업에 종사했던 집안이다. 그러니까 바이샤인 거다. 하지만 네팔에서 바이샤나 수드라를 따지는 건 의미가 없는 일이다. 실제로 신경 쓰는 사람이 없어서다. 아무도 "나는 바이샤, 너는 수드라." 하면서 카스트를 따지지 않는다. 중요한 건 민족과 가문이다. 민족별로 공동체가 있고, 그 안에서 가문에 따라 직업이 정해지고 이어진다. 이게 네팔의 카스트다. 서양의 중세에서나 있을 법한 신분제를 상상했다면 오해다. 카스트가 다르다고 해서 말도 못 붙이거나, 패악을 저지르거나 혹은 당하는 일은 없다.

우리 가문인 '샤키야'를 중심으로 설명해 보겠다. 샤키야는 네와르 민족이며, 앞서 이야기한 것처럼 상업에 종사해 왔다. 근거지는 카트만두다. 오랫동안 샤키야라는 이름으로 카트만두에서 상업에 종사하다 보니 네팔에서는 이런 말이 있다. "카트만두에 가면 샤키야를 믿지 마라." 장사를 오래 하다 보니 말 잘하는 장사꾼이라는 이미지가 붙었다. 술도 엄청 좋아한다. 원래 네와르 민족은 술과 친하지만 샤키야는 그중에서도 유명하다. '술을 마시면 자기 집안까지 팔 사람들', '적당히를 모르는 사람들', '코로 땅 냄새를 맡을 때까지 마시는 사람들'. 이런 게 샤키야에 대한 이미지다. 그리고 이

현재 카트만두에서 사촌형이 운영하고 있는 약방. 3대째 이어 오는 일이다. ⓒ Sujan

런 것들이 바로 우리 가문을 정의한다.

정리하자면, 샤키야는 '카트만두의 네와르 민족 중에서 장사를 하는 (술 잘 마시고 말 잘하는) 사람'이다. 이게 우리 가문의 카스트다. 가문별로 대대로 내려오는 직업이 곧 우리들의 카스트라고 보면 된다. 바이샤니 수드라니 하는 구분은 무의미하다.

네팔에서는 서로의 카스트를 묻는 경우가 거의 없다. 카스트를 묻는 게 실례라서가 아니라 굳이 물을 필요가 없어서다. 이름만 들으면 어떤 민족인지, 무슨 일에 종사하는지

지극히 사적인 네팔

알 수 있다. 샤키야라고 하면 네와르 민족의 샤키야다. '구룽 (Gurung)'은 구룽 민족의 구룽이다. '머허르전(Maharjan)'은 네 와르족에서 농사일에 종사하는 사람들이다. '머가르(Magar)' 는 구르카 용병으로 유명한 체트리다. '셰르파(Sherpa)'는 히 말라야에 거주하는 산을 잘 타는 사람들이다. 이런 식으로 바로 알 수 있다. 네팔의 카스트는 신분이 아닌 어떤 직업을 가지고 있는지를 보여 줄 뿐이다.

카스트보다 더 중요한 것은 민족이다. 내가 어떤 민족이 며, 그 민족 안에서 어떤 역할을 하는지, 어떤 밥벌이를 하는 지가 겉으로 매겨진 카스트보다 훨씬 중요하다. 네팔은 자기 가 속한 민족 공동체 안에서 일상생활이 이루어지는 나라다.

정치를 독점하는 브라민, 불가촉천민 더릿

다시 한 번 말하지만, 네팔의 카스트에서 체트리, 바이샤, 수 드라라는 개념은 큰 의미가 없다. 일상생활을 할 때 카스트 가 갈등의 원인이 될 일이 별로 없어서다. 다만 브라민은 예 외다. 브라민만큼은 민족 구분이 없다. 몇몇 가문이 브라 민이라는 카스트를 독점한다. 데브코타(Devkota), 우파다야

브라민은 보통 네팔 사람들보다 코가 매우 뾰족하다.
ⓒ idealnabraj/123RF.COM

(Upadhaya), 코이랄라(Koirala), 올리(Oli), 아디카리(Adhikari). 네팔 출신인데 이런 성을 쓰고 있다면 그 사람은 브라민일 가능성이 높다. 생김새도 다르다. 보통 일반적인 네팔 사람보다 피부가 하얗고 코가 뾰족하다. 네팔 사람들은 얼굴만 봐도 브라민이라는 걸 단번에 안다. 여러분들도 보면 감이 잡힐 거다.

네팔에서는 브라민들에 대한 인식이 별로 좋지 않다. 정치인이나 고위 관료 들은 보통 브라민들이 차지한다. 국회의원들의 이름을 보면 다 브라민인 게 확인된다. 네팔이 처한 정치·경제적 상황을 보면 브라민들이 욕을 먹을 수밖에 없다. 카스트 철폐 전에는 브라민들만 제대로 교육을 받고 대학에 갈 수 있었다. 그래서 어릴 때 학교에서 브라민 출신 아이를 만나면 놀리거나 따돌렸다. '예전에는 너희들만 잘 먹고 잘 살았잖아' 하는 식으로 말이다.

브라민은 원래 태어나거나 죽을 때, 결혼할 때처럼 인생에서 중요한 일이 있을 때 의식을 진행해 주는 사람이다. 가톨릭 신부가 성사를 해 주는 것과 비슷하다고 보면 된다. 그런데 네팔의 브라민들은 보통 정치에 종사한다. 이렇게 지체가 높으신 브라민들은 일반인들의 대소사를 관장하지 않는다. 그래서 각 민족별로 브라민이 할 일을 맡는 가문이 따로 있다. 즉, 정식 카스트로는 브라민이 아니지만 브라민 역할을 하는 민족별 브라민이 있다는 말이다. 태어났을 때 인생 이력서를 써 주고 궁합을 봐 주는 '조티시' 같은 사람들, 그리고 승려인 '라마(라마, Lama)'가 바로 그런 부류다.

민족별 브라민들은 네팔의 독특한 역법이나 종교 지식을 가지고 집안 대소사의 길일을 알려 준다. 심지어 매년 생일도 이들을 통해서 확인을 받아야 한다. 이는 네팔의 독특하고 복잡한 역법 때문이다. 일반인들은 복잡한 날짜 계산을 할 여유와 지식이 없다. 그래서 돈을 주고 민족별 브라민들에게 집안일을 묻는다. 그래서 민족 브라민들은 돈을 많이 번다.

브라민은 승려 계급이다. 신과 가까이 사는 사람들이라 가리는 게 많다. 고기, 양파, 마늘 등을 먹으면 안 된다. 정신을 흥분시키는 식재료이기 때문이다. 만약 그들을 속여서 이런 재료들이 들어간 음식을 먹인다면 큰 실례다. 물론 모든 브라민들이 이런 규율을 철저하게 지키는 건 아니다. 외국에 나가서 금기된 음식을 먹는 브라민들도 있다. 브라민은 신과 연결됐다는 의미로 몸에 끈을 걸고 다니는데, 이런 음식을 먹을 때는 살짝 풀어놓기도 한다. 네팔보다 카스트가 엄격한 인도의 브라민은 음식 때문에 한국에 오는 걸 꺼린다. 한국 음식에 마늘이 안 들어간 게 있나 모르겠다.

체트리들은 네팔에서 꽤 존경받는다. 브라민에 비해 사회에 해악을 끼쳤다는 이미지가 없다. 오히려 네팔의 독립을 지킨 용맹한 사람들이라고 생각한다. 실제로 네팔은 영국의 식민 지배를 뿌리친 나라라는 자부심이 크다. 사실 영국이 마음먹고 쳐들어왔으면 어찌 됐을지는 모르지만…. 어쨌든 목숨을 걸고 나라를 지킨 사람들이 있었기에 지금의 네팔이 있다는 것은 부정할 수 없는 사실이다. 구르카 용병도 영국과의 전쟁을 통해 알려지기 시작했다.

네팔 사람들은 체트리 앞에선 약간 접고 들어간다. 아무래

네팔의 첫 여성 대통령인 비디야 데비 반다리.

체트리 출신이다. ⓒ Getty Images

도 싸움을 잘하고 용맹하다는 인식이 있기 때문이다. 누군가가 자신이 체트리에 속하는 성씨라고 밝히면 그건 강한 경고의 의미라고 봐야 한다. 네팔에 "쿠크리[1]가 칼집에서 나오면 피를 봐야 한다."는 속담이 있는데, 체트리의 특성을 보여 주는 말이기도 하다.

체트리는 샤하 왕조 시절부터 군대의 핵심 엘리트였다. 지금은 정치에서도 큰 영향력을 차지하고 있다. 2022년 현재, 네팔의 2대 대통령이자 첫 여성 대통령인 비디야 데비 반다리(Bidya Devi Bhandari)도 체트리 출신이다. 이외에 타파(Thapa), 라나(Rana), 쿤와르(Kunwar), 바스냐트(Basnyats), 판데(Pande) 같은 성씨들이 보이면 체트리라고 생각하면 된다.

바이샤나 수드라의 구분은 필요 없다. 이들은 무역이나 장사, 생산 등에 종사하는 사람들이다. 앞서 이야기했듯이 네팔은 민족 안에서 카스트 구분이 더 중요하다. 특히 바이샤나 수드라는 하는 일이나 계급 구분이 거의 무의미하다.

네팔에 사는 대부분의 사람들은 카스트에 대해 심각하게 생각하지 않는다. 따져 봐야 별 의미가 없어서다. 그러나 아직도 카스트 때문에 차별을 받는 사람들이 있다. '더릿(दलित, Dalit)'이라고 불리는 불가촉천민(不可觸賤民)이다. 더릿은 '깨

---

1   구르카 용병의 상징인 네팔의 전통 칼.

벽돌 공장에서 일하는 더릿 사람들. ⓒ PhotoKichuwa

졌다' 혹은 '부서졌다'는 의미다. 4개의 카스트 어디에도 속하지 않는 사람들이다. 이들의 실제 카스트는 바이샤나 수드라다. 다른 사람들과 똑같이 장사나 생산에 종사하는 사람들이다. 그러나 하는 일이 천하다는 이유로 냉대와 차별을 받는다. 이들은 브라민들의 집에 들어가지도 못한다. 더릿이 만진 물 잔은 건드리지도 않을 정도다. 더릿이 손 댄 물을 마시면 지옥에 간다고 믿어서다. 식당에서도 안 받아 준다. 밥을 먹으려면 자기 식기를 따로 가져와야 한다. 밥은 팔아도 더릿의 손길이 닿을 수도 있는 그릇은 부정을 탈 수 있으니 못 주겠다는 거다.

사람들이 장례를 치르면 고인의 물건을 더릿에게 넘기기도 한다. 네와르족은 장례를 치를 때 고인의 물건을 브라민이 정리하게 한다. 이때 좋은 물건은 브라민이 챙기고 잡동사니는 부정을 탔다면서 더릿한테 넘긴다. 우리 아빠가 돌아가셨을 때도 아빠가 축구를 보려고 구매하셨던 '골드스타' 컬러텔레비전은 네와르의 브라민들이 가져가고 옷가지나 신발 같은 것들은 더릿한테 처분했다. 이왕 넘길 거면 좋은 것도 넘기면 좋으련만 괜찮은 물건은 중간에 쏙 빼 가고 사자(死者)가 입었던 옷이나 신발처럼 찜찜한 물건들만 더릿한테 선심 쓰듯 넘겨 버리는 거다.

더릿이 이런 부당한 취급을 받는 근본적인 이유는 힌두교와 관련이 있다. 더릿은 보통 부정(不淨)한 일에 종사한다. 부정한 일이란 청소나, 빨래 같은 것을 말한다. 가장 천대받는 일은 가죽을 만지는 일이다. 그중에서도 신발을 만들거나 수선하는 일이 최악이다. 힌두교에서 발은 부정한 것들이 묻는 곳이다. 발바닥을 보여 주는 건 커다란 실례다. 네팔에서 어른을 공경하는 의미로 발에 이마를 대며 절을 하는 게 최고의 예의인 것도 이런 이유다. 더릿은 힌두교에서 부정하게 취급받는 일에 종사하는 사람들이다. 이런 사람들과 가까이 있으면 부정을 탈까봐 멀리하고 냉대한다. 예전에 조선시대에 백정들이 천민 취급을 받았다고 하던데 더릿이 받는 대우는 그보다 더 열악할 것이다.

나는 이런 관습을 이해할 수 없다. 청소나 빨래는 누구나 해야 할 일이다. 신발을 만들고 수선하지 않으면 밖에 다닐 수 없다. 반드시 필요한 일들이다. 누군가는 해야 하고, 당연히 해야 하며, 부끄러워할 이유가 없는, 오히려 가치 있는 일이다. 네팔에 힌두교가 들어오면서 이런 일을 부정한 것으로 규정하고, 그런 이유로 아무도 하려는 사람이 없으니 원래 그런 일을 하던 사람들을 일방적으로 희생시킨 것이다. 심지어 그들이 '부정한' 일을 하게 된 것은 전생에 나쁜 짓을 했기 때문이라는 이유까지 붙인다. 정말 그럴까. 말도 안 되는 소리다.

나는 네팔을 자랑스럽게 생각하지만 이런 관습은 이해할 수도, 이해하고 싶지도 않다. 상당수의 네팔 사람들도 이게 부당하다는 것을 머리로는 안다. 그러나 더릿은 천하고, 더릿과 접촉하면 지옥에 간다는 인식을 쉽게 바꾸기는 어렵다. 그들을 다른 사람들과 똑같이 대하고 싶어도 뭔가 꺼림칙한 느낌이 든다. 나와 가장 친했던 친구 중에는 더릿도 있다. 바로 우리 옆집에 살았고 네팔 탁구 국가대표까지 할 정도로 뛰어난 친구였다. 나로서는 자랑스러운 친구였지만 할아버지나 할머니 같은 집안 어르신들은 그 친구와 밥도 같이 먹지 말라고 하셨다. 한번 만들어진 부정적인 인식은 어지간해서는 바뀌지 않는다. 지금 네팔의 젊은 세대는 많이 나아지긴 했다. 더릿과 사귀는 데 거리낌이 별로 없다. 하지만 어르신들은 평생 가도 더릿을 사람 취급하지 않을 것이다. 결국 시간이 필요한 문제다.

지극히 사적인 네팔

우리는 크리슈나의
후손입니다

한국에서 공부하고 일하면서 부러운 것들이 많다. 네팔에서만 살았다면 전혀 신경 쓰지 않았을 것들이 눈에 들어온다. 그중 하나가 한국의 기록 문화다. 《조선왕조실록》 같은 기록이 네팔에도 있었으면 얼마나 좋았을까. '사도', '명량', '관상', '나랏말싸미' 같은 영화는 외국인이 한국 역사에 친숙해지는 데 큰 도움이 된다. 안타깝게도 네팔에는 기록 문화가 별로 없다. 남아 있는 기록이 거의 없다. 그래서 사극이라고 할 만한 콘텐츠를 만들기가 어렵다. 사극보다는 신화를 바탕으로 한 영화나 드라마가 더 친숙하다.

이 책을 쓰면서 네팔의 역사를 알려 달라는 요청을 받았다. 역사 전문가는 아니라도 네팔에 호기심을 가진 사람을 위해 기본 지식 정도는 전달하면 좋겠다는 의도였다. 하나의 나라를 이해할 때 최소한의 역사 지식이 배경으로 깔리면 훨씬 편하다. 당연히 "그럼요."라고 외쳤다. 그런데 막상 역사 이야기를 준비하려고 보니 난감했다.

나는 네팔의 역사를 모른다. 네팔에는 제대로 된 역사 교육 과정이 없다. 한국에서 초등학생이 배우는 역사 교육 수준이나, 그보다 더 낮은 수준의 교육만 받는 것 같다. 머릿속에 남아 있는 지식이 거의 없다.

네팔 길거리에서 맞닥뜨리는 사람들과 네팔 역사를 이야기한다면 이름 하나만 기억하면 된다. 프리트비 나라얀 샤하(Prithivi Narayan Shah, 1723~1775). 네팔을 통일한 네팔 왕국의 첫 번째 왕이다. 이 사람은 한국으로 치면 태조 이성계, 세종대왕, 이순신 장군 정도의 업적을 혼자서 남긴 사람이다. 네팔 역사학자를 만난 게 아니라면, 이 이름 하나로 역사 이야기를 할 수 있다. 물론 네팔에서는 역사를 화제로 삼는 경우가 거의 없지만 말이다.

역사 이야기를 이 정도로 소개하고 끝내면 좋겠지만 그렇게 할 수 없다는 건 이 책을 읽고 있는 여러분도 잘 아실 터다. 나 역시 역사를 공부하는 친구의 도움을 얻어 정리해야 해서 괴로웠다. 하지만 여러분들이 지식을 확장하는 데 최소한의 도움이 될 이야기를 해 보려고 한다.

네팔의 유래

네팔의 역사는 카트만두 중심이다. 네팔은 원래 통일된 나라가 아니었다. 1768년 프리트비 나라얀 샤하가 네팔을 통일하면서 하나의 왕국으로 통합됐다. 그때 네팔 영토의 한가운데 있는 카트만두를 수도로 정했다. 모든 민족과 왕국의 역사를 이야기하는 건 불가능하니 카트만두를 중심으로 네팔의 역사를 정리하겠다. 카트만두가 네팔 안에서도 가장 부유한 도시였고, 비교적 큰 왕국이 계속 존재했기 때문이다. 그래서 지금 이야기하는 내용은 카트만두를 중심으로 한 대략적인 네팔의 역사다.

네팔(Nepal)이라는 이름에는 여러 가지 기원이 있다. 힌두교의 성자인 '네(Ne)'가 '보살피다(Pala)'라는 의미가 가장 널리 알려진 기원이다. 또는 산스크리트어 네팔라야(Nepalaya)에서 따왔다는 설도 있다. 네팔라야는 '산기슭의 거처'라는 뜻이다. 티베트어로는 네팔이 '양털(Ne)의 집(Pal)'이라는 의미라고도 한다. 무엇이 됐든 기원은 확실하지 않다. 다만 카트만두 출신 네와르(Newar) 민족 입장에서 본다면, 네팔이라는 나라 이름은 네와르 민족에서 나왔다고 생각한다. 네와르 민족은 카트만두에서 큰 영향력을 가지고 있었다. 프리트비 나라얀 샤하 왕이 카트만두를 정복한 후에도 마찬가지였다.

카트만두가 수도가 되고 왕국의 행정 체제를 정비할 때 네와르 민족이 기준이 되었기에 네와르 사람들은 네팔이 사실상 네와르에서 온 이름이라고 생각한다.

네팔은 다민족·다언어·다인종·다종교 국가다. 네팔이라는 나라의 기원도 하나가 아니다. 그중 대표적인 게 힌두교와 불교의 전승이다. 네팔은 힌두교를 믿는 사람이 80퍼센트 정도, 불교가 10~15퍼센트 정도다. 나머지 사람들은 이슬람교를 비롯한 기타 종교를 가졌거나 무교다. 네팔은 2006년까지 힌두교가 공식 국교였다. 따라서 전승이나 기록은 힌두교 위주로 설명하는 게 편하다. 다만 불교에서 이야기하는 전승은 유명하기도 하고, 네팔의 주요 관광지도 불교와 연관되어 있는 곳이 많기에 먼저 소개해 보겠다.

불교에서는 카트만두가 원래 나가다하(Nagadaha)라는 호수였다고 한다. 이 호수를 부처의 후손인 만주스리(Manjusri)라는 신이 검으로 호수를 둘러싼 산을 갈라 물이 빠져나가도록 했다. 그러자 물이 빠져 나간 땅에 연꽃이 피었고, 연꽃에서 불상이 나타났다. 사람들은 여기에 절을 짓고 모여 살기 시작했다. 이때 만들어졌다는 소엠부(Swyambhu) 절은 지금도 존재하고, 만주스리가 검으로 산을 갈랐다는 곳은 불교의 성지다.

불교는 창조설에 가까운데, 힌두교 전승은 그리스 신화 같은 느낌이다. 네팔에는 역사 시대 이전, 즉 선사 시대부터 힌

불교의 성지가 된 소염부 사원. ⓒ Wikipedia

두교를 믿는 사람들이 살고 있었다고 한다. 여기에 크리슈나 신이 네팔을 만들었다고 한다. 정확히는 크리슈나의 아들들인 고빨(Gopal)들이 만든 나라다. 그래서 네팔 사람들은 민족에 상관없이 모두가 크리슈나 신의 후예라고 생각한다. 대부분이 힌두교 신자인 우리 입장에서는 선조가 크리슈나이니 좋게 받아들일 수밖에 없다. 크리슈나는 고대 세계에 실존한 영웅이었고 비슈누의 여덟 번째 화신이기도 하다.

하지만 네팔 사람들은 크리슈나의 신적인 면모보다는 다른 점을 더 자랑스럽게 생각하는 것 같다. 크리슈나는 고대 세계에서 이름을 날린 플레이보이였다. 신화에서 크리슈나는 무려 아내가 1만 6,000명이나 있었다고 전해진다. 여기저기에 애인들을 두고 자식들도 많이 낳았는데, 고빨들은 '고삐니(Gopini)'라는 크리슈나의 여자 친구가 낳은 아들들이다. 그러니까 네팔 사람들은 크리슈나의 매력을 이어받은 사람들이라는 걸 자랑스러워하는 거다.

"우리는 크리슈나의 후손이니까 여기저기에 여자 친구를 만들어야 해."

지금도 네팔 아저씨들은 농담조로 이런 말을 한다.

크리슈나와 신성한 소. ⓒ Getty Images

네팔의
왕조들

크리슈나의 아들들인 고빨들은 마히슈팔(Mahispal)이라는 민족을 만들었다고 한다. 이 마히슈팔 왕조가 카트만두를 중심으로 네팔을 지배했다. 이게 대략 3500년 전쯤 이야기다. 그러다가 서쪽에서 온 사람들이 마히슈팔을 무너뜨리고 키라트(Kirat) 왕조를 세웠다. 이들은 원래 몽골족인데 인도를 돌아서 네팔에 왔다는 설도 있다. 키라트 왕조에는 32대까지 왕이 있었다. 그들은 자연이 곧 신이라고 생각했는데, 힌두교와 습성이 잘 맞았던 것 같다. 이때가 대략 2500년 전쯤이다.

이 뒤에 등장한 게 리차비(Licchavi) 왕조다. 이들은 인도에서 왔다고 한다. 리차비 왕조는 서기 400년에서 750년대까지 이어졌는데, 네팔 역사에선 나름 중요한 역할을 했다. 산스크리트어에 기반한 말과 글을 도입한 것이다. 이때부터 네팔에서 역사 시대가 시작됐다고 볼 수 있다. 하지만 이후로도 기록 문화가 정착되지 않은 탓인지 역사 기록은 많이 남아 있지 않다. 2015년에 네팔에서 지진이 일어났을 때 특히 아쉬움이 많았다. 지진 때문에 무너진 문화재가 많았는데, 기록이 없어서 많은 문화재들을 주먹구구로 수리해야만 했다.

리차비 왕조의 뒤를 이은 왕조는 말라(Malla)다. 말라 왕조는 12세기부터 18세기까지, 네팔에서 가장 오래 존속한 왕조다. 그만큼 나름의 업적을 쌓았다. 말라 왕조 때는 상업이 발달하여 화폐를 사용했다. 특히 문화유산을 많이 남겼다. 박타푸르에 있는 유네스코에 등재된 냐따뽈라(Nyatapola) 사원이 대표적이다. 네팔의 관광 산업은 말라 왕조의 덕을 봤다고 보면 된다.

리차비 왕조에서 말라 왕조로 교체되는 과정은 독특하다. 훈훈하다고 해야 할까. 보통 마지막 왕조가 새로운 왕조에게 정복당하는 게 일반적인데, 마지막 리차비 왕은 스스로 왕위를 넘겼다고 한다. 리차비의 왕이 꾸스띠(Kusti)라는 네팔식 씨름을 좋아했는데, 말라 민족이 이 씨름을 잘해서 총애한 나머지 나라까지 넘겼다는 것이다. 겉으로 보면 평화로운 정권 교체지만 이걸 곧이곧대로 믿기는 어렵다. 말라는 산스크리트어로 '힘이 세다'는 뜻이다. 용감하고 무력 사용에 능했다는 의미일 거다. 이미 리차비 왕조를 힘으로 누르게 된 말라 민족이 리차비 왕의 목에 칼을 대고 있는 상황이 아니었을까. 힘으로 권력을 빼앗았지만 정통성을 얻기 위해 저런 말을 지어낸 게 아닐까 싶다.

카트만두에서 평화로운 정권 교체가 이뤄지는 동안 네팔의 한쪽 구석에서는 샤하(Shah) 왕조가 들어선다. 앞선 다른 왕조는 몰라도 이 왕조는 기억해 두면 좋다. 네팔 통일의 기틀을 만들고, 2007년에 왕정이 사라질 때까지 유지됐던 왕조이기 때문이다.

샤하 왕조는 15세기 카트만두 서쪽에 있는 고르카 지역에서 시작된 왕조다. 네팔에서는 지역을 말할 때는 '고르카'라고 하고, 민족을 말할 때는 '구르카'라고 한다.

네팔에는 통일 왕조가 없었다. 통일 전까지 항상 20여 개의 왕국으로 사분오열되어 있었다. 이때 등장한 인물이 앞서 이야기한 고르카 왕국의 프리트비 나라얀 샤하 왕이다. 프리트비 왕은 네팔 통일이라는 비전을 가지고 움직인 최초의 왕이다. 네팔의 국부이자 독립 영웅처럼 여겨진다. 네팔을 통일하고 영토를 현재의 국경에 가깝게 확장했다. 무엇보다도 영국과 싸워서 독립을 지켜낸 왕이다.

그는 카트만두를 방문한 후 이곳을 수도로 만들어야겠다고 생각했다. 그의 통일 과업에서 가장 큰 고비가 카트만두 점령이었다. 카트만두는 당시 네팔에서 경제적으로나 문화적으로 가장 발달한 지역이었다. 티베트와 인도 교역의 중심지인 데다 땅은 넓고 비옥했다. 게다가 산위에 펼쳐진 분지 지형이다. 군사적으로나 경제적으로나 핵심일 수밖에 없는 위치다.

프리트비에게는 출생부터 신비한 이야기가 전해졌는데, 카트만두 점령기는 그에 대한 영웅 신화가 완성되는 완벽한

지극히 사적인 네팔

네팔을 통일한 첫 번째 왕, 프리트비 나라얀 샤하. ⓒ Wikipedia

서사였다. 고르카 왕국에 위협을 당한 카트만두의 말라 왕조는 영국에게 도움을 청했는데, 프리트비는 동인도회사가 파견한 영국군에게 승리를 거뒀다. 이후 프리트비는 1768년 9월 카트만두에서 인드라 자트라 축제가 열리고 있을 때 급습해 큰 피해 없이 점령했다. 카트만두 점령은 여러 국가가 난립하던 네팔 땅에 하나의 네팔 왕국이 만들어졌음을 의미했다. 프리트비는 고르카 왕국의 마지막 왕이자 네팔 왕국의 초대 국왕이었다.

세상에서
가장 어린 공화국

네팔 밖에서 활동하다 보면, 다른 나라 사람들이 네팔을 어떻게 생각하는지 조금은 알게 된다. 사실 네팔이라는 나라에 관심이 없는 사람들이 대다수다. 조금이라도 아는 사람들이 네팔에 대해 가지고 있는 이미지는 '히말라야', '트레킹', '명상' 정도다. 남자들이라면 '구르카 용병'이 추가된다. 즉, 자신의 한계를 시험하려고 히말라야에 오르거나, 트레킹을 하며 대자연을 감상하거나, 명상을 하며 힐링을 하기 위해 가는 곳이 네팔이다.

　이런 이미지는 꼭 틀린 것만은 아니다. 내가 느끼기에도 네팔은 평화로운 나라다. 순박한 사람들이 욕심 부리지 않고 조화롭게 사는 곳이다. 126개의 민족이 살고 123개의 언어가 있는데도 민족 갈등이나 종교 갈등이 없는 나라니까 말이

1814년부터 1816년까지 이어진 네팔-영국 전쟁. 검은 옷을 입은 고르카 군인들과 노란 옷을 입은 사령관 바크티 타파(Bhakti Thapa). ⓒ Wikipedia

다. 하지만 다른 나라들과 마찬가지로 네팔도 나름의 사정과 사연이 있는 나라다. 히말라야를 배경으로 관광객들에게 순박한 웃음만 보여 주는 사람들만 모여 사는 곳이 아니다.

프리트비 왕의 등장은 네팔이 하나의 국가로 통일됐다는 점에서 큰 축복이었다. 그는 국가의 구심점을 카트만두로 삼았고 각종 제도를 정비했다. 동쪽으로는 바다를 향해 영토를 넓히면서 방글라데시를 코앞까지 두었다. 영국을 물리치고 네팔의 독립을 지켰다. 이때 맹활약한 구르카 민족은 용병이

지극히 사적인 네팔

되어 영국군과 함께 세계를 누비게 된다.

만약 프리트비 왕이 조금 더 살았다면, 네팔은 지금과는 다른 나라가 됐을지 모른다. 프리트비 왕은 네팔 통일 이후 몇 년 지나지 않아 사망했다. 그의 죽음은 곧바로 혼란을 불러왔다. 샤하 왕조의 왕들은 대대로 단명하는 경우가 많았다. 프리트비의 뒤를 이어 어린 왕이 즉위하자 외척들이 전면에 나서기 시작했다. 조선 말기 안동 김씨나 풍양 조씨 같은 외척들이 나라를 좌지우지한 것처럼, 네팔에서는 라나(Rana) 집안이 섭정으로 나서 독재를 시작했다. 이때를 라나 왕조(Rana dynasty, 1846~1951)라고 부른다.

라나 왕조 때 네팔은 고립됐다. 쇄국 정책이었다. 명목상 독립은 지켰지만 근대화는 아득히 늦어졌다. 말이 독립이지, 영국의 비위를 맞춰 주면서 독립을 유지한 데 불과했다. 친영국인 라나 왕조가 들어섰으니 영국 입장에서 굳이 네팔을 식민지로 삼을 만한 이유가 없었다. 독립을 '유지시켜' 주는 게 영국으로서도 더 속편했을 것이다. 국경선을 넓혀 가던 네팔은 성장을 멈췄다. 방글라데시와 네팔 사이에는 아주 가늘게 인도 영토가 끼어 있다. 나중에 이야기하겠지만, 이로 인해 네팔은 사실상 인도에게 거의 모든 것을 의지하는 신세가 돼 버린다.

라나의 지배는 1846년부터 105년 동안 이어졌다. 쇄국 정책만 펼친 라나가 몰락한 이유는 영국이 인도에서 철수했기 때문이다. 뒷배가 사라진 라나 왕조는 쌓이고 눌려 왔던 개혁 요구를 버텨낼 힘이 없었다. 1951년 민주화 혁명을 통해서 라나 왕조가 쫓겨나고 트리부반(Tribhuwan Bir Bikram Shah, 1905~1955)이 왕위에 오르면서 기나 긴 라나의 통치가 끝났다. 1950년대는 민주화를 준비하는 과정이었다. 많은 피가 흘렀지만 처음으로 헌법을 제정하고 민주적인 선거도 실시했다.

1955년 왕위에 오른 머헨드라 왕(Mahendra Bir Bikram Shah Dev, 1920~1972)은 민주화 초기의 혼란이 마음에 들지 않았다. 그는 1960년 왕실 쿠데타를 일으켜 독재를 시작했다. 정당을 해산하고 총리, 의원 등을 체포했다. 그런가 하면 머헨드라는 토지 개혁을 실시하고 카스트 제도를 철폐하는 등 나름 근대화를 시작했다. 민족에 따라 수많은 언어를 사용하던 네팔에 공식 언어가 지정된 것도 이때다. 네팔이 하나의 영토를 넘어 하나의 국가라는 정체성을 제대로 가지기 시작한 것이다.

1972년 왕위에 오른 비렌드라(Birendra Bir Bikram Shah Dev, 1945~2001)는 네팔인들에게 가장 사랑받았던 왕이다. 아예 '가장 착한 왕'이라고 불릴 정도다. 그도 그럴 것이 스스로 국민 투표를 통해 기존의 라스트리야 판차야트(Rastriya

Panchayat)[1]를 유지할지 다당제로 갈지 선택하게 했기 때문이다. 네팔 국민들은 아슬아슬하게 기존의 라스트리야 판차야트를 선택했다. 국왕은 라스트리야 판차야트가 선출한 총리에게 국정을 맡겼다.

정당이 없는 체제인 라스트리야 판차야트 제도는 1990년에야 사라졌다. 다당제로 개헌하고 1991년 총선을 실시했다. 네팔이 형식상 민주주의 국가가 된 지는 이제 30년 남짓이다. 민주주의 국가가 된 네팔은 아직 준비가 부족했다. 경제위기, 물가 폭등 앞에서 국민들의 불만이 높아졌다. 결국 내전이 일어났다.

네팔 내전과
공화국의 탄생

네팔은 평화로운 나라라는 이미지가 많다. 사람들도 순박하다. 하지만 네팔에서도 혁명이 있었고 이를 위해 피를 흘린 사람들이 있었다. 그 결과 왕정은 사라졌고, 네팔은 민주 공

---

1   정당 없이 국민이 선출한 의원과 국왕이 뽑은 의원으로 의회를 구성하는 제도.

화정이 됐다. 그렇지만 지금 네팔은 제대로 미래를 향한 길을 가고 있는 것일까. 민주주의 선진국인 한국에서 네팔을 보면 답답함이 앞선다.

영국인 알렉스 마셜이 쓴《국가로 듣는 세계사》의 〈네팔〉편을 보면 네팔 내전과 왕정이 사라지는 과정을 좀 더 구체적으로 알 수 있다. 여기서 간략히 소개하자면, 네팔 공산당(마오이스트)들이 네팔의 입헌 군주제를 끝내고 민주 공화국을 세우려고 했고, 이로 인해 내전이 일어나게 됐다. 내전은 전 국토로 퍼져 큰 희생을 치렀다. 실향민이 최고 15만 명 정도 발생했고 사망자는 7,000명이 넘는다. 1,700명은 난민이 되어 해외로 떠돌아야 했다.

평화로운 나라라는 이미지였던 네팔은 피를 흘리는 전쟁을 치르며 미래를 어떤 방향으로 설정할지 선택의 기로에 섰다. 그 와중에 2001년 비렌드라 왕의 아들인 디펜드라 왕자가 아버지와 어머니를 포함한 일가 9명을 살해한 후 자살을 시도한 사건이 일어났다. 디펜드라는 코마 상태에 빠진 상태로 일시적으로 왕이 됐지만 곧 사망한다.

이 사건은 왕실이 스스로의 정당성을 끊어버린 것과 마찬가지였다. 세계적인 가십거리가 된 이 사건은 디펜드라 왕자가 '약쟁이'였다는 설, 만나던 여성과 카스트가 맞지 않아 홧김에 저지른 일이라는 설이 돌았다. 인도가 디펜드라의 뒷배

지극히 사적인 네팔

2010년 5월 27일 네팔 카트만두에서 벌어진 네팔 공산당 지지자들의 시위.

© Getty Images

여서 테러를 조종했다는 음모론도 있다. 그중 가장 입에 많이 오르내린 것은 사건 후 디펜드라의 뒤를 이어 왕위에 오른 갸넨드라 배후설이다. 비렌드라 왕의 동생이었던 갸넨드라는 사건이 벌어졌을 때 출장을 가 있었고, 자신의 자식들은 참사 현장에 있었음에도 무사했기 때문이다. 사실 이런 루머도 현실성은 없다. 갸넨드라의 부인도 그때 크게 다쳤기 때문이다.

이 일은 왕실의 권위를 크게 약화시켰다. 결국 2007년 왕정은 공식 폐지됐고, 2008년에 네팔은 정식으로 민주 공화국임을 선포했다. 유혈 사태는 진정된 것 같지만 네팔의 정치적 혼란은 여전하다. 네팔 사람들은 정치라면 진저리를 친다. 그놈이 그놈이라는 거다. 의회를 장악한 건 대부분 마오이스트다. 장관, 총리는 자기들끼리 뽑는다. 끼리끼리 해 먹는다는 말이다. 공화국이 됐으니 헌법을 바꿔야 하는데 바뀐 게 없다.

나는 이제까지 투표를 해 본 적이 없다. 네팔에 있었을 때는 어려서 못했지만, 지금은 해외 부재자 투표 제도가 없어서 못한다.

한국에서 네팔 맥주를
마시기 어려운 이유

자주 가는 네팔 음식점에서만 맛볼 수 있는 술이 있다. '셰르파(Sherpa)'라는 이름의 맥주다. 이름 그대로 진짜 셰르파가 만드는 맥주다. 거품은 적고 한약 비슷한 색깔을 띤다. 입안에서는 부드럽게 넘어간다. 레드락에 기네스를 섞은 맛이라고 할까. 한때 맥주 회사 영업 사원이었던 알베르토 몬디 형은 "맛은 있는데 좀 복잡하네."라고 평했다. 한국에서 유통되는 맥주들과 비교하면 독특한 면이 있다. 마셔 본 사람들은 다들 편의점에서도 팔면 좋겠다고 한다. 이 맥주는 네팔 음식점 사장님이 네팔에서 직접 수입해서 팔고 있다. 한국에 있는 네팔 음식점에만 공급한다.

사장님에게 사람들의 반응을 전해 드리며 음식점 말고 편의점에서도 팔 수 있게 공급을 늘리면 어떻겠냐고 여쭤 보니

한국에서 네팔 맥주를 마시기 어려운 이유

안 된다고 하신다. 이유는 가격이다. 너무 비싸다. 비싼 이유는 비행기로 들여오기 때문이다. 무게가 많이 나가는 맥주라서 운송 비용이 많이 든다. "나는 단가를 못 맞춰." 이 말만 들으면 거기서 끝이다. 더 물을 필요가 없어서다. 한국 사람들은 여기서 한마디를 꼭 더 붙인다.

"그러면 배로 가져오면 되잖아요."

그러면 좋겠지만 불가능하다. 내 나라는 내륙에 위치해 있기 때문이다.

삼면이 인도에게
포위당한 나라

네팔의 지리적 위치는 한국 사람에게는 익숙지 않을 것이다. 한국은 삼면이 바다인 나라다. 어디로 가든 바다에 갈 수 있다. 네팔은 내륙 국가다. 머리 위에는 히말라야가 있고, 나머지 삼면은 인도가 둘러싸고 있다. 항구가 없다. 사실상 모든 제품의 수출입은 인도를 통해서만 가능하다. 18세기 프리트비 왕이 카트만두를 점령한 후 동진에 힘쓴 이유는 갈 곳이 동쪽밖에 없어서이기도 했고, 네팔의 미래를 위해서이기도 했다. 서쪽은 나가 봤자 대륙 중심부다. 남쪽은 인도다. 바다

지극히 사적인 네팔

위로는 히말라야 산맥이, 삼면은 인도로 둘러싸인 네팔. 방글라데시와 네팔 사이에는
아주 가늘게 인도 영토가 끼어 있다. ⓒ Getty Images

를 향해 동쪽으로 갈 수밖에 없었다.

프리트비 왕이 죽고 라나의 통치가 시작됐을 때 라나는 네
팔의 발전보다는 자신들의 이익에만 집중했다. 신문물이 들
어오면 네팔의 발전을 위해 활용하기보다는 특권층의 전유
물로 삼았다. 카스트가 고착화되고, 학교는 특권층만 다닐
수 있었다.

라나들은 영국과 거래를 했다. 독립을 유지하는 대신 현상
유지를 택했다. 더 이상 확장은 없었다. 신문물과 제도를 들

여오지도 않았다. 다른 나라들과 균형을 맞추고 국제 사회의 일원으로서 필요한 최소한의 발전도 이루지 않았다. 근대화는 20세기에 들어서야 조금씩 시작됐지만 속도는 더뎠다. 프리트비 왕이 영웅적으로 영국의 네팔 진출을 막아냈지만, 결과적으로는 그로 인해 네팔은 국제 사회에서 너무 뒤떨어진 나라가 됐다. 그래서 영국에게 식민 지배를 당하는 게 나았을 거라고 자조하는 사람들이 있을 정도다.

네팔의 가장 큰 문제는 지리적인 고립이다. 인도를 통하지 않으면 무역을 할 수 없다. 사실상 인도가 네팔의 무역을 통제한다. 한국은 삼면이 바다지만 네팔은 단 한군데도 트여 있는 곳이 없다. 바다로 나가려면 방글라데시 쪽으로 가야 하는데, 네팔과 방글라데시 사이에는 인도 영토가 가늘게 끼어 있다. 방글라데시까지 최단 거리로 20킬로미터 남짓한 이 땅덩어리가 네팔의 목을 옥죈다. 지도를 보고 있으면 숨이 턱 막힌다.

한국 자동차를 네팔에 수입한다고 해 보자. 한국에서 배로 자동차를 인도로 보내면, 인도에서 다시 육로를 거쳐 네팔로 들여와야 한다. 인도는 네팔에 관세를 최소 80퍼센트에서 최대 300퍼센트까지 붙인다. 자동차 같은 경우에는 300퍼센트다. 한국에서 원가 2,000만 원짜리 차를 수입하려면, 한국에서 인도에 도착했을 때, 인도에서 네팔로 들여올 때 관세가 두 번 붙는다. 한국과 인도가 FTA를 맺어 설령 관세를 전혀 부과하지 않는다고 해도 인도에서 네팔로 들여오는 순간 네팔에서 자동차 원가는 8,000만 원 이상이 될 것이다. 운송료나 기타 비용을 고려한다면, 자동차 원가만 거의 1억 원에 육박한다. 여기에 마케팅 비용이나 마진을 붙이면 판매 가격을 얼마로 잡아야 할지 감도 안 잡힌다. 이런 이유로 네팔에서는 중고 토요타 코롤라 정도만 몰아도 엄청난 부자 축에 든다.

수출도 마찬가지다. 인도를 거치지 않으려면 비행기밖에 없다. 제대로 된 무역을 하려면 결국 인도를 거쳐야 하지만 인도는 네팔의 사정을 전혀 봐주지 않는다. 네팔은 무역을 통한 산업 발전이 완전히 막혀 있는 나라다.

네팔에게 인도는 양가적인 감정이 드는 나라다. 바로 옆에 붙어 있는 세계적인 강대국이다. 인구도, 경제 규모도 비교가 안 된다. 사실 네팔의 문화, 산업 등은 인도에 크게 종속되어 있다. 영화·노래·음식·옷 등도 사실 인도에서 온 것들이 유행한다. 네팔 음식이라고 알려진 것들도 사실 80퍼센트쯤은 인도 음식이다. 말도 어느 정도 통한다. 심지어 네팔에서는 인도 화폐인 루피를 써도 상관없다. 물론 네팔 루피를 인도에서 쓸 수는 없다. 네팔에서 인도에 갈 때는 비자 없이 신분증만 들고 가면 된다. 미국이 기침을 하면 한국은 몸살에

인도는 네팔의 목숨을 쥐고 흔드는 존재다. ⓒ Getty Images

걸린다는 이야기가 있던데, 인도가 기침을 하면 네팔은 정말 죽을 수도 있다.

2015년에 네팔에서 큰 지진이 일어났을 때 인도는 네팔을 인도적으로 돕기는커녕 며칠간 네팔로의 생필품 수출을 금지했다. 네팔은 지진 피해에다 물자 부족이 겹쳐 더 큰 피해를 입었다. 인도 입장에서는 길들이기라고 생각했을지 모르지만 네팔은 엎친 데 덮친 격으로 숨이 넘어가는 상황이었다. 그렇다고 싫은 내색도 못한다. 네팔에서 새로운 총리가 취임하면 가장 먼저 인도를 찾는다. 인도에 밉보이면 정권이 흔들리는 정도가 아니라 국민들의 생계와 목숨까지 위험에 빠질 수 있다.

사실 네팔 사람들이 인도와 인도 사람들을 딱히 싫어하는 건 아니다. 한국도 일본과 사이가 좋지는 않지만, 사람들끼리 싫어하지는 않는 것과 비슷하다고 보면 된다. 네팔 입장에서 인도는 선진국이다. 배우고 따라잡고 싶은 나라다. 하지만 결정적인 순간에 존재감을 드러내며 주인처럼 행세하면 굴욕감을 참기 어렵다.

샌드위치 속
토마토 신세

'샌드위치에 들어간 토마토.' 네팔의 지정학적 위치를 표현할 때 이런 말을 자주 사용한다. 샌드위치 속에 어설프게 자리 잡은 토마토처럼, 쥐고 힘을 주면 가장 먼저 튕겨 나가는 존재라는 뜻이다. 샌드위치 위쪽 빵은 중국, 아래쪽은 인도다.

네팔에 큰 영향을 미치는 나라로 중국을 빼놓을 수 없다. 하지만 중국과의 관계는 또 인도와 함께 생각해야 한다. 애초에 네팔에서 마오이스트 혁명이 일어난 건 따지고 보면 인도 때문이다. 인도에게 하도 치이다 보니 중국과 교류하겠다는 마오이스트가 인기를 얻었다. 중국에서 카트만두까지 터널을 뚫으려고 한다는 이야기도 돌았다. 사람들은 자연스럽게 중국에게 조금씩 기대를 하게 됐다. 마오이스트들은 이런 정서 속에서 성장했다. 물론 인도 입장에서는 탐탁지 않은 이야기다. 인도에게 네팔은 품 안에 넣고 빨대를 꽂아 언제든 쪽쪽 빨아먹을 수 있는 나라다. 천재지변이 일어나서 네팔과 인도가 떨어지지 않는 한 어쩔 수 없이 받아들일 수밖에 없는 현실이다. 인도가 네팔의 주도권을 중국에 거저 넘길 이유는 단 하나도 없다.

네팔 젊은이들은 중국이 경제 강국이니 중국이 네팔에 진

지극히 사적인 네팔

출하면 좋겠다고 생각한다. 중국 역시 네팔 진출에 어느 정도 관심이 있기는 한 것 같다. 원조도 조금씩 해 주고 있다. 그러나 티베트나 홍콩, 대만 등의 대외 문제에 치여 네팔에는 신경을 거의 못 쓰는 느낌이다. 네팔 입장에서는 중국이든 어디든, 인도가 숨통을 조이는 현실을 바꿀 수 있으면 좋겠다는 마음이 앞설 뿐이다.

마리화나로 외국인을
유혹한 머헨드라 왕

네팔에게 세계는 곧 인도다. 중국은 히말라야 때문에 막혀 있어서 실제로는 먼 이웃이다. 그 외의 나라는 사실 잘 모른다. 관심을 가지기 어렵다. 이 역시 지정학적 이유 때문이다. 다른 나라에 신경 쓸 이유도, 여유도 없다.

처음에 네팔을 찾기 시작한 사람들은 유럽인들이었다. 등반가들, 히피들이 많이 찾았다. 등반가들이 찾는 이유는 여러분도 잘 알 터다. 히피들이 온 이유는 물가가 싸다는 이유도 있었지만, 사실 '간자(Ganja)' 때문이었다. 네팔에서는 마리화나를 피우는 걸 '간자'라고 한다. 1970~1980년대 네팔은 마리화나 천국이었다. 머헨드라(Mahendra Bir Bikram Shah

1970년대 히피들이 들끓었던, 카트만두 더르바르 광장 남쪽에 위치한
조첸 톨레(Jhochhen Tole, Freak Street). ⓒ Getty Images

Dev, 1920~1972) 왕은 유럽에 가서 네팔에서는 마리화나를 피울 수 있다고 홍보했다.

"우리 마리화나는 유기농이라 품질이 좋거든요!"

이 말을 듣고 많은 히피들이 혹했다고 한다. 네팔에 수천 루피만 들고 가면 1년 내내 놀면서 유기농 마리화나를 피울 수 있다! 심지어 불교나 힌두교 성지(聖地)에서도 피울 수 있단다. '성지에서 마리화나를!' 히피들을 향한 최고의 마케팅이 아니었을까.

지금은 네팔에서 마리화나는 금지다. 마약 관광을 계속 유지할 수는 없는 법이다. 다만 약용으로는 여전히 사용하고 있다. 어쨌든 담배보다는 인식이 좋다. 아이들도 치료 목적으로 마리화나를 사용한다. 금지되긴 했지만 단 하루 동안은 합법인 날이 있다. 시바 신의 생일이다. 이날 마리화나를 피워도 되는 이유는, 시바 신이 소싯적에 마리화나를 피웠기 때문이라고 한다.

아시아권에서 네팔과 가장 먼저 관계를 맺었다고 할 만한 나라는 일본이다. 예전에 일본은 원조도 많이 해 줬다고 한다. 산을 찾아온 아시아 사람들도 일본이 먼저였다. 네팔 사람들이 제일 먼저 해외에 일자리를 구하러 나간 나라도 일본이다. 그다음이 중동이다. 2000년대 전에 카트만두에는 일본어 간판과 일본어 학원들이 많았다. 큰아빠의 아들도 일본어를 배웠다. 그때는 한 집에 한 명은 일본에 가려고 하던 시기였다고 한다.

대세가 된
한국

네팔은 거의 동시에 남북한과 정식 수교를 맺었다. 남한과는 1974년 5월에, 북한과는 같은 해 6월에 수교했다. 네팔 사람들은 북한에 대해서 알고 있는 게 별로 없다. '핵', '김씨 왕조', '독재', '지구상 모든 나라와 싸움을 하려는 나라'라는 이미지 정도다.

한국 역시 2000년대 전까지 잘 모르는 나라였다. 1988 서울 올림픽 때도 잘 몰랐다고 한다. 태권도나 가라테나 똑같은 무술인줄 알았던 시절이다.

한국에 대한 이미지가 본격적으로 바뀌기 시작한 건 2002 한일 월드컵 때다. 우리 가족을 기준으로 보면, 한국은 월드컵을 개최하는 나라라고 그때 확실히 인식했다. 우리 아빠가 네팔 축구 국가대표 출신이라서 월드컵에 더 인상을 깊이 받았을 수도 있다. 어쨌건 월드컵이 한국이라는 나라를 알리는데 큰 역할을 한 건 확실하다.

아빠 얘기를 조금 더 하자면, 축구 국가대표라고 해도 체계적으로 선수를 뽑지 않았을 때 얘기다. 아빠가 축구를 하셨을 때 네팔에는 대표적인 축구 팀이 두 개 있었다. 하나는 경찰학교 팀이고, 하나는 예전에 네팔을 지배했던 라나들이 만든 사립 학교 팀이었다. 이 두 팀에서 국가대표를 대부분 뽑던 시절이다. 아빠는 라나들이 만든 사립 학교 팀 선수였다.

경찰 학교 팀에는 국왕의 아들, 즉 왕자님이 뛰었다. 우리 아빠는 결승에서 왕족과도 축구를 해 봤다고 한다. 당연히 왕자가 나오면 반경 2미터 이내 접근 금지다. 태클도 하는 시늉만 해야 한다. 왕자님이 골을 넣도록 해 줘야 속이 편하다. 한국 군대에서 사단장님과 축구를 하는 경우랑 비슷하다고 보면 된다.

2000년대 이후로는 한국에 대한 인식이 급격히 좋아졌다. 한국 관광객들도 많이 찾아오기 시작했다. 네팔 사람들이 해외에서 일자리를 찾을 때 우선순위도 일본에서 한국으로 바뀌었다. 카트만두의 일본어 간판과 일본어 학원이 한국어 간판과 한국어 학원으로 바뀌기 시작했다. 일자리 우선순위가 한국으로 바뀐 건 근로 환경 때문이다. 일본에서 일하는 건 너무 힘들다는 인식이 있었다. 이런 말을 하면 한국 사람들은 기묘한 자부심이 섞인 표정을 짓는다. '우리는 OECD가 인정한, 세계 최고 수준의 장시간 근로 국가인데?'

한국 정부의 해외 근로자 연수 시스템이 잘 갖춰진 이유도 있다. 네팔에서 한국어 교육을 받고 시험을 통과하면 한국에서 2~3년 정도 일할 수 있다. 일본보다도 네팔과 한국 문화가 좀 더 비슷한 부분도 있다. 특히 음식 문화는 꽤 잘 통한다. 네팔 음식을 싫어하는 한국 사람을 별로 못 봤다. 네팔 사람들도 한국 음식에 상대적으로 적응하기 쉽다. 내 경우에는 소고기를 못 먹어서 힘든 건 있었지만, 다른 종류의 음식들은 네팔과 너무 비슷해서 따로 적응할 필요가 없었다. 찌개는 완전 입맛에 맞았고, 김치, 무말랭이, 나물 비슷한 음식들은 네팔에서도 먹던 것이었다. 해산물은 시간이 걸렸지만.

한국 사람이 네팔에 갔을 때 자주 실수하는 게 무엇이냐는 질문을 가끔 받는다. 나로서는 크게 생각나는 게 없다. 대부분 한국 사람들은 네팔 문화를 존중하고 잘 적응한다고 생각한다. 일단 한국 사람들은 집에 들어올 때 알아서 신발을 벗는다. 예의도 바르다. 언젠가 네팔에 있는 친가에 한국 손님과 함께 며칠 묵은 적이 있다. 아빠도 손님을 좋아하시니 문제는 없었다. 그런데 그 손님은 우리 집을 떠나자마자 줄담배를 태웠다. 며칠 동안 그분이 담배 피우는 걸 한 번도 못 봐서 의아했다.

"원래 담배 피우셨어요?"

"어릴 때부터 피웠어."

왜 그동안 안 피웠냐고 물으니 우리 집에 어르신도 계시고 애들도 있는데 어떻게 피우냐는 거다. 나로서는 꽤 신선한 경험이었다. 한국의 상식 수준에만 맞추면 네팔에서도 문제될 일은 없다고 생각한다.

몇 가지 신경 쓰면 좋을 점은 있다. 한국 사람들이 네팔에 오면 집에서 키우는 강아지를 보고 귀엽다면서 "된장을 바를까 보다."라고 무시무시한 농담을 한다. 농담인 것을 알지만, 네팔에서 개는 수호신이고 '개의 날'도 있을 정도로 존중받는다. 네팔 사람이 된장의 의미를 알게 되면 좋을 게 없다.

또 하나, 소를 가지고 농담하는 건 피했으면 한다. 네팔에서 소를 잡으면 벌금 정도가 아니라 징역행이다. 혹여 "물소는 먹으면서 젖소는 왜 안 먹어?" 이런 얘기를 하면 네팔에서는 매우 공격적인 의미로 받아들일 수밖에 없다. 연관된 얘기로, 한국에서 온 여행자들이 귀국할 때 라면을 주고 가는 경우가 있는데 지양했으면 좋겠다. 라면을 줄 때는 라면에 소가 들어가는지, 받는 사람이 소를 먹어도 되는지 반드시 확인해야 한다. 호의로 주고 가는 건 알지만, 힌두교 신자가 잘못해서 소가 재료로 들어 있는 라면을 먹은 걸 알게 되면, 평생 한국인을 욕할 수도 있다.

마지막으로 하나 더 당부하자면, 석가모니의 탄생지가 인도라는 말은 피하자는 것이다. 석가모니의 탄생지는 현재 네

석가모니의 탄생지인 네팔 룸비니의 마야 데비 사원. ⓒ Getty Images

팔의 룸비니 지역이다. 인도와 가까운 지역이고, 사실상 네팔이라는 나라가 없던 시기에 태어난 위인이라 국적을 따지는 건 합리적이지 않지만, 네팔 사람들은 석가모니가 네팔 사람이라고 생각한다. 네팔에서 석가모니가 인도 사람이라고 하는 건, 한국에서 독도는 일본 땅이라고 말하는 것과 비슷한 느낌이라고 보면 된다. 굳이 필요 없는 말은 하지 말자.

소똥도 신성하다

국가에는 여러 가지 상징이 있다. 국기(國旗), 국가(國歌), 국화(國花), 국장(國章) 등이 그것이다. 네팔에도 나라를 상징하는 것들이 있다. 국기에는 따로 이름이 붙어 있지 않지만, 국가(國歌)는 '수백 송이의 꽃'이고, 국화(國花)는 진달래다.

국장(國章)은 다음 그림과 같다. 국장을 둘러싼 화환은 네팔의 국화인 진달래다. 남녀가 맞잡은 손은 남녀평등을 의미한다. 아래쪽에 새겨진 산스크리트어는 '어머니와 조국의 대지는 천국보다 귀하다'라는 뜻이다.

네팔 국기 아래 자리 잡은 하늘색 에베레스트산은 산악 지대를 상징한다. 녹색은 구릉 지대. 구릉 지대라고는 해도 해발 1,000~2,000미터쯤은 된다. 황색은 비옥한 남쪽 평원인 떠라이(Terai)다. 이 상징들 가운데에 네팔 영토 모양이 흰

2008년 새롭게 만들어진 네팔의 국장(國章).
© Wikipedia

색으로 들어가 있다. 나는 산악, 구릉, 평원으로 이뤄져 있는
네팔의 영토를 삼겹살 모양이라고 표현한다. 산악 지대는 지
방, 평원은 살코기, 구릉 지대는 중간 지대로 표현하면 딱 맞
다. 한국에서 대학을 다닐 때 수업 중에 네팔을 소개할 일이
있었는데, 그때 마침 삼겹살집 아르바이트를 한 덕분에 떠올
린 표현이다. 여러분도 네팔이 삼겹살 모양이라고 알아두면
네팔의 지리를 좀 더 편하게 파악할 수 있을 것이다.

지극히 사적인 네팔

이 국장은 2008년에 왕정이 폐지되고 공화정이 수립되면서 만들어졌다. 새로 태어난 공화정을 상징하는 모든 것들이 다 들어 있다. 만들어진 지 얼마 안 된 덕분에 유래나 의미를 찾아보기도 편하다. 네팔에 대한 다른 이야기도 이렇게 쉽게 풀어낼 수 있으면 좋으련만.

그런데 이 국장에는 네팔의 가장 중요한 상징이 빠져 있다. 바로 소다. 힌두교에서 소는 아주 중요한 동물이다. 네팔의 상징 동물은 소다. 옆 나라 인도도 힌두교를 믿기 때문에 상징 동물이 소가 아닐까 생각할 수 있지만, 인도의 상징 동물은 코끼리다. 상징 동물만 보면 네팔이 힌두교의 근본 국가처럼 보일 정도다.

소를 소중하게 여기는 네팔 출신이다 보니 〈JTBC〉 '비정상회담'에 함께 출연했던 기욤 패트리 형을 보면 살짝 걱정될 때도 있다. 힌두교의 소 숭배를 진지하게 믿는 건 아니지만, 어릴 때부터 받은 밥상머리 교육 때문에 소를 함부로 여기는 건 쉽지 않다. 그래서 기욤 형에게 가끔 이런 농담을 던지기도 한다.

"형은 네팔 못 와. 입국 금지야."

소고기를 좋아하는 기욤 형은, 힌두교를 기준으로 보면 지옥행 특급 열차 퍼스트 클래스 1순위 예약자다. 좋은 곳에 가기는 틀렸다. 힌두교에서 소는 신성한 존재다. 길을 가다 소를 보면 '엄마'라고 부르면서 인사를 한다. 힌두교에서는 사람이 죽고 나면 소가 우리를 천국으로 데려간다고 믿는다. 소를 함부로 대하면 천국에 갈 수 없다. 머리부터 발끝까지, 우유는 물론이고 소똥과 오줌까지 신성시한다. 심지어 소의 모든 부위에 다른 신이 산다고 믿는다.

힌두교의 이런 문화는 한국에서 보면 낯설고 적응하기 어려울 것이다. 한국에서는 부정한 일이 있으면 소금을 뿌린다. 힌두교에서는 소의 우유를 뿌려 부정을 정화한다. 가장 이해하기 어려운 건 소똥을 다루는 방식일 것이다. 시골에서는 소똥을 벽이나 바닥을 만드는 재료로 쓴다. 도시에서는 건축 자재로 쓰기 어려우니 물을 섞어 묽힌 소똥을 마당에 동그랗게 펼쳐 놓는다. 생일날에는 온몸에 바르기도 한다. 소똥조차도 그만큼 신성하다고 믿어서다. 집에서 큰 행사가 있으면 소똥부터 등장한다. 나도 어릴 때 소똥을 발라 본 적이 있다. 코로나19가 한창 기승을 부릴 때는 네팔에서 소똥을 바르거나 소의 오줌을 먹기도 했다. 전염병을 막아 준다고 믿어서다.

그만큼 소가 신성시되다 보니 웃지 못 할 일이 종종 벌어진다. 나하고 사이가 나쁜 이웃이 있으면, 그 이웃이 농사를 짓는 밭에 소를 풀어놓는다. 소에게 돌을 던지거나 쫓아낼 수도 없다. 그저 알아서 나가 주기를 바라야 한다. 이웃한테 가서 항의해 봐야 소용없다. 자기도 난처한 척, "소가 당

지극히 사적인 네팔

신네 밭으로 간 걸 어쩌라고?" 하면 그만이다. 두 집이 모두 소를 키우고 있으면 무한 보복전이 일어난다. 그래서 소가 없는 집은 난처하다. 민사상 방어 수단이 없는 셈이기 때문이다.

신을 분쟁의 방어 수단으로 활용하는 건 네팔이 힌두교 기반의 국가이기 때문이다. 여담을 하자면, 숙제를 안 해 간 학생들 중에는 자기 손바닥이나 뺨에 신의 사진을 붙여 놓는 경우가 있다. 체벌로 손바닥을 때리거나 뺨을 때리는데, 신의 사진을 붙여 놓으면 때릴 수 없기 때문이다. 사실 학생들 얘기는 우스개로 하는 말이다. 실제로 이런 행동을 하면 학교생활이 쉽지 않다. 그러나 실생활에서는 활용할 곳이 좀 있다. 우리 집 담벼락에 사람들이 자꾸 노상 방뇨를 한다면? 거기에 신의 사진이나 그림을 붙여 놓는다. 신의 얼굴에 대고 오줌을 쌀 테면 싸 보라는 거다. 실제로 효과가 있다. 웬만큼 배짱이 두둑하지 않고서는 신을 모독하고 마음 편하기가 쉽지 않다.

소는 일평생을 신으로 대접받으면서 산다. 죽으면 화장을 하고 장례식까지 치러 준다. 소의 날도 있어서 특별히 더 보살피기도 한다. 하지만 모든 소가 신성한 대접을 받는 건 아니다. 물소는 정반대의 대접을 받는다. 도축해서 먹는 건 물론이고 부정한 존재로 취급받는다. 물소는 저승사자의 이동 수단이다. 지옥에 속해 있기 때문에 부정한 존재이므로 죽이고 먹어도 상관없다. 식용으로 따로 키우고, 물소의 우유는 팩에 담아 유통된다. 물론 먹는 용도다. 네팔에 와서 우유를 사려는데 유리병에 담겨 있다면 그건 일반 젖소의 우유다. 아마 일반 슈퍼에서 사기는 어려울 것이다. 애니메이션 '플란다스의 개'에 나오는 것처럼 수레에 실어서 돌아다니면서 판매한다. 먹는 용도보다는 제례용이나 귀한 일에 쓴다. 네팔에 가게 된다면, 우유를 어떻게 팔고 있는지 한번 살펴보는 것도 재미있을 것이다.

나는 네팔 사람으로서, 네팔에서 소를 다루는 방식을 존중한다. 소에도 수많은 신이 살고, 이를 신성시하는 것은 문화로서 존중받을 만하다고 생각한다. 물론 소의 똥이나 오줌이 질병을 퇴치한다고 믿는 것까지 옹호하기는 어렵다. 이는 네팔의 교육 수준이 올라가면 언젠가는 사라질 문화라고 생각한다. 시간이 필요하다.

한 가지 정말 받아들이기 어려운 문화가 있다. 예전에 '비정상회담'에서도 이야기했지만, 물소를 도축하는 거디마이(Gadhimai) 축제는 금지돼야 한다고 생각한다. 5년에 한 번씩 열리는 이 축제는 말이 축제지, 물소를 수천 마리씩 도살하는 물소들의 킬링필드다. 가장 안 좋은 것은, 인간의 속죄를 위해 물소를 희생양으로 바친다며 의미를 부여하는 것이다.

참혹한 거디마이 축제. 그야말로 물소들의 킬링필드다.
ⓒ Getty Images

명백한 힌두교의 악습이다. 힌두교에서는 악신들도 숭배의 대상이다. 악신들의 화를 누르기 위해 피를 보고 제물을 바쳐야 한다는 논리다.

다행히 2015년 이후로는 이 축제가 더 이상 열리지 않고 있다. 그러나 여전히 암암리에 열리고 있다는 소식이 들린다. 이런 축제를 금지하고 처벌해야 한다는 말도 나오지만 이것도 정치 논리의 영향을 받고 있다. 이 축제에는 세계 최대의 힌두교 국가인 인도에서도 사람들이 많이 온다. 원래 축제가 열리는 장소가 인도와 네팔의 국경 지대다. 인도 국경에서 7킬로미터 떨어져 있는 네팔의 꺼라이야(Kalaiya)라는 곳이다. 네팔 사람으로서는 여기에서 축제가 계속 열리면 학살에 대한 도덕적 책임을 네팔만 지게 된다는 불만도 있다. 인도와 네팔 모두가 금지해야 할 일인데 인도와의 정치적 문제로 계속 유지하는 측면도 있다.

가끔 이런 생각을 한다. 거디마이 축제로 물소들을 죽이느니 한국으로 데려오면 안 될까 하고 말이다. 한국에서 살면서 음식 문제로 고생해 본 적은 없다. 거의 모든 음식이 입맛에 잘 맞는다. 다만 네팔식 요거트를 먹기 어렵다는 게 아쉽다. 네팔식 요거트는 물소의 우유로 만든다. 네팔에 가면 꼭 먹는 '주주 더우(Juju Dhau)'라는 요거트는 예전에는 왕실에 납품하던 음식이다. 한국에서 네팔 요리를 하는 분들이 이

물소의 우유로 만드는 요거트, 주주 더우. ⓒ Juju Dhau Pasal

요거트를 만들어 보려고 했지만 네팔에서 먹던 풍미로 재현하지 못했다. 일반 젖소의 우유로는 한계가 있어서다. 철 지난 종교 논리로 물소들을 학살하느니 한국에 데려와서 주주 더우를 소개해 보고 싶다.

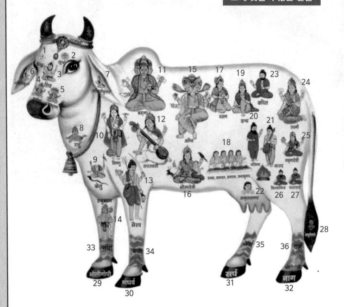

소에 깃들어 있는 신들

힌두교에서 표현하는 소의 각 부위별 신의 이름과 역할을 설명하면 아래와 같다.

© World Hindu News

---

1. **찬드라**(Chandra): 달의 신.

2. **수리야**(Surya): 태양의 신.

3. **시바**(Shiva): 힌두교 세 주신(主神) 중 파괴의 신.

4. **가네샤**(Ganesha): 시바의 아들로 코끼리 머리와 인간의 몸을 한 지혜와 행운의 신.

5. **머루더건**(Marudgan): 난폭한 폭풍의 신.

6~7. 어슈빈쿠마르(Ashvinkumars): 건강과 의약에 관련된 의술을 담당하는 쌍둥이 신.

8. 라후(Rahu): 힌두교에서 케투와 쌍이 되는 천체로 일식을 일으킨다.

9. 케투(Ketu): 라후와 쌍이 되어 월식을 일으키는 천체.

10. 비슈누(Vishnu): 힌두교의 세 주신 중 하나로 세상의 질서를 지키는 최고 신.

11. 브라흐마(Brahma): 힌두교 세 주신 중 하나로 창조의 신.

12. 서러스워티(Swaraswati): 지혜의 여신.

13. 버이럽(Bhairav): 파괴의 신 시바가 현현하여 브라흐마의 머리를 친 무서운 신.

14. 허누만(Hanuman): 원숭이 종족 바나라(Vanaras)의 영웅 신.

15. 아그니데브(Agnidev): 불의 신.

16. 버우마데비(Baumadevi): 지구를 대표하는 여신.

17. 바루나(Varuna): 악어와 비슷한 괴물 마카라를 타고 다니는 바다의 신.

18. 쿠말스(Kumars): 힌두교의 네 현자. 브라흐마의 첫 정신적 창조물이자 아들들.

19. 인드라(Indra): 세 주신을 제외한 신들의 왕이자 번개의 신.

20. 버시스터(Vasistha): 힌두교에서 가장 오래되고 가장 존경받는 현자.

21. 나러드(Narad): 힌두교의 음유 시인이자 이야기꾼으로 알려진 신의 현자.

22. 엄릿사거러(Amritsagar): 불로장생을 도와 주는 신. 암리타(Amrita)는 신들의 음료로 마시면 불사가 된다고 한다.

23. 커삘(Kapil): 지혜로운 현자이며 요가의 창시자.

24. 락슈미(Laksmi): 부와 행운의 여신.

25. 겅가데비(Gangadevi): 갠지스 강을 신격화한 정화와 용서의 여신.

26. 비슈와미트러(Bishwamitra): 힌두교의 대표적인 만트라인 가야트리 만트라(Gāyatrī mantra)를 만든 현자.

27. 뻐라셔라(Parashara): 점성술의 아버지라 불리는 현자.

28. 봐유(Vayu): 바람의 신.

29. 볼리 고삐(Bholi gopi): 크리슈나의 수행원들.

30. 간다르바(Gandharva): 신들을 위해 음악을 연주하는 정령.

31. **서르퍼**(Sarpa): 뱀 혹은 다리가 없는 도마뱀이나 용.

32. **나가**(Naga): 반인반사(半人半蛇)의 신화적 존재.

33. **목샤**(Moskha): 힌두교에서 추구하는 네 가지 삶의 가치 중 하나인 해탈.

34. **카마**(Kama): 힌두교에서 추구하는 네 가지 삶의 가치 중 하나인 욕망.

35. **아르타**(Artha): 힌두교에서 추구하는 네 가지 삶의 가치 중 하나인 의미 또는 본질.

36. **다르마**(Dharma): 힌두교에서 추구하는 네 가지 삶의 가치 중 하나인 도덕과 윤리 및 모든 종교의 기초.

*소의 앞뒤 다리에 있는
산 모양 무늬는 히말라야를 상징한다.

눈의 안식처,
히말라야

2012년은 어쩌면 내 운명이 바뀐 해였던 것 같다. 당시 나는 한국에서 학교를 다니며 한국어를 어느 정도 할 수 있었다. 그해 겨울 방학 때 아시는 분을 통해서 연락이 왔다. 그분 일행이 히말라야에 가려고 하는데 한국어를 할 수 있는 내가 가이드 역할을 해 주면 좋겠다는 거였다. "제 여비도 내주시는 거예요?" 하고 물으니 그건 당연하고, 하루 일당도 5만 원씩 쳐주겠다고 하셨다. 나는 그때까지 히말라야에 가 본 적이 없었다. 새로운 경험을 하고 돈도 벌 수 있는데, 학생 입장에서 이런 횡재가 어디 있을까. 당연히 간다고 했다.

굴러온 행운에 기뻐했는데, 막상 준비를 하려고 보니 문제가 몇 가지 있었다. 먼저 나는 히말라야는커녕 등산조차 해본 적이 없었다. 무엇을 준비해야 할지 감이 잡히지 않았다.

같이 갈 일행 분들에게 슬쩍 물어볼까 했는데 조금 켕겼다. 그분들은 내가 네팔 사람이니 등산에도 익숙할 거라고 생각하고 있었다. 네팔은 곧 히말라야고, 네팔 사람들은 다 셰르파 수준으로 산을 잘 탈거라고 생각하시는 것 같았다. 정작 네팔 사람들은 대부분 히말라야를 갈 일도, 가고 싶다는 생각도 하지 않는데 말이다. 이분들에게 등산 준비물을 물어보면 나에 대한 신뢰가 깨지지 않을까 하는 걱정이 들어 차마 묻지 못했다. 모처럼 얻은 좋은 아르바이트를 놓칠 수는 없었다.

조언을 구하지 않은 또 다른 이유는 한국에서 얻은 자신감 때문이었다. 나는 그때 한국에서 두 번의 겨울을 난 후였다. 추위를 견디는 데에는 자신이 있었다.

"네팔이 추워봐야 얼마나 춥겠어?"

이렇게 말하면 한국 친구들은 농담인 줄 안다. 단언컨대 농담이 아니다. 나는 뼛속까지 시리다는 말을 한국에 와서 실감했다. 첫 겨울을 날 때는 다 때려치우고 네팔로 돌아갈까 하는 생각이 매일 들었다. 이가 덜덜 떨리는 추위는 한국에서 난생 처음 느꼈다. 정말로 이를 딱딱 부딪치며 겨울을 버텼다.

네팔에는 히말라야가 있으니 네팔 사람들이 추위에 강할 거라고 생각하다면 큰 착각이다. 네팔은 북에서 남으로 갈수

카트만두 시내. 이곳에서는 영하의 날씨를 접할 일이 거의 없다. ⓒ Getty Images

록 고도가 낮아진다. 인도와 접한 남쪽은 덥지만, 북쪽으로 올라가면 고도가 높아지면서 선선해진다. 카트만두의 경우 영하로 온도가 떨어지는 경우는 거의 없다. 겨울에도 보통 영상 8도 정도를 유지한다. 나는 카트만두에서 살면서 눈 구경을 한 번도 못해 봤다. 히말라야 부근은 험지여서 사람이 많이 살지 못한다. 네팔 사람들 중 80퍼센트는 실제로 눈을 볼 일이 없다.

나름 자존심도 있었다. 일행 분들은 50대 후반의 아저씨들이었다. 젊디젊은 내가 아저씨들보다 산을 못 탈까 하는 근거 없는 자신감도 있었다. 그러고는 별 생각과 준비 없이 그 분들과 함께 네팔로 향했다.

네팔에서는 먼저 카트만두에 있는 우리 집에 일행을 손님으로 모셨다. 부모님과 가족들은 늘 그랬듯이 환대했고 손님들도 즐거워했다. 출발이 좋았다. 걸림돌만 하나 빼면 말이다. 나는 부모님에게 거짓말을 해야 했다. 손님들을 모시고 집에 들른 후 다음 일정을 이야기할 때, 히말라야에 간다는 말은 차마 할 수 없었다. 부모님이 반대할 게 뻔했기 때문이다.

지극히 사적인 네팔

신의 머리를
밟는 일

나는 한국에 와서 히말라야가 네팔의 대명사처럼 취급받는 다는 것을 알게 됐다. 외국 사람들이 히말라야 산맥, 그중에 서도 에베레스트를 많이 찾는다는 것은 알고 있었지만, 그들 이 왜 찾아오는지, 왜 산을 오르는지에는 전혀 관심이 없었 다. 네팔에서는 히말라야에 가서 산을 오른다고 하면 이상 한 사람으로 생각한다. 우리 할아버지 세대는 히말라야로 향 하는 외국인들을 보면 미친놈이라고 할 정도였다. 그 위험한 곳에 굳이 왜 가냐는 거다. 여기에 네팔 특유의 힌두교 문화 도 산에 오르는 것을 꺼리게 했다.

　히말라야는 산스크리트어로 '눈(Him)'이 '쉬는 곳(Alaya)'이 라는 의미다. 의역하자면, '눈이 사는 곳', 혹은 '눈의 안식처' 다. 나는 이 어감이 좋다. 모든 것에 신이 깃들어 있다고 생각 하는 네팔 사람들의 정서를 시적으로 표현한 말이라고 생각 한다. 내 고향인 카트만두에서는 날씨가 좋으면 히말라야 산 맥을 볼 수 있었다. 공기가 맑았던 20년 전쯤 이야기이긴 하 지만 말이다. 우리 집에서 봤던 히말라야는 마치 다른 세상 에 있는 존재 같았다. 저 멀리 하늘과 땅 사이에 그림처럼 펼 쳐져 있는 히말라야는 영원히 닿지 않을 곳처럼 느껴졌다.

　네팔에서 힌두교를 믿는 사람들은 신들이 산에서 산다고 믿는다. 그중에서도 히말라야는 시바 신이 살며 명상을 했던 곳이라고 생각한다. 가장 신성한 곳이다. 8,000미터가 넘는 유명한 봉우리에는 각각 신들의 이름이 붙어 있다. 에베레스트는 '서거르마타(Sagarmatha)' 또는 '초몰랑마(Chomolangma)'다. '서거르'는 '하늘', '마타'는 '머리 위'라는 뜻이다. '하늘보

지극히 사적인 네팔

나는 에베레스트 등정을 동네 뒷산 산책 정도로 생각했다. ⓒ Getty Images

다 높다'는 의미다. '초몰랑마'는 티베트어로 '세상의 어머니'
라는 의미를 가지고 있다.

네팔 사람들에게 산에 오르는 행위는 신들의 머리를 밟는
것과 마찬가지다. 이런 곳에는 함부로 가면 안 된다. 히말라
야 등반은 좋을 게 하나도 없는 일이다. 부모님이 아신다면
결사반대하실 게 뻔했다.

네팔의 8,000미터 이상 산들의 이름

에베레스트 (8,848미터)	에베레스트의 원래 이름은 산스크리트어로 서거르마타(Sagarmatha)다. '서거르'는 '하늘', '마타'는 '머리 위'라는 뜻으로 '하늘보다 높다'는 의미다. 티베트어로는 '초몰랑마(Chomolangma)'라고 하는데, '세상의 어머니'라는 뜻을 담고 있다.
칸첸중가 (8,586미터)	티베트어로 '눈에 숨겨져 있는 보물'이라는 의미다.
로체 (8,516미터)	티베트어로 '남쪽의 얼굴'이라는 의미다.
마칼루 (8,463미터)	산스크리트어로 '나는(마) 까맣다(칼루)'는 의미. '검은 덩어리'라는 뜻도 된다. 두르가 신의 아바탈 중 마하칼리(Mahakali)에서 유래했다는 설도 있다. '마하(크다) 칼리(까맣다)'는 강하고 거친 악마다. 마칼루가 험준한 산이라는 것을 상징하는 이름이다.
초오유 (8,188미터)	티베트어로 '청록색의 여신'이라는 의미다.
다울라기리 (8,167미터)	산스크리트어로 '눈부시고 하얀(다울라) 산(기리)'이라는 의미다.
마나슬루 (8,163미터)	산스크리트어 마나사(Manasa)에서 변형된 이름이다. '지(知)적인 영혼'이라는 뜻을 담고 있다.
안나푸르나 (8,091미터)	안나푸르나는 신의 이름이다. '곡식(안나)을 베푸는(푸르나) 신'이다. 안나푸르나의 눈이 녹아 흘러내린 물이 농사를 짓게 해 준다는 의미를 담고 있다.

내가 부모님께 말씀드린 다음 일정은 포카라에서 2주간 머문다는 것이었다. 부모님은 의아해하셨다.

"거기서 2주 동안이나 볼 게 있어?"

"손님들이 비즈니스도 겸해서 온 거라서요."

사실 손님들이 아니라 내 비즈니스였다. 어쨌거나 아르바이트 아닌가. 나는 등반 준비를 한답시고 출발 전날 카트만두에서 몰래 패딩을 하나 샀다. 나름 미리 준비한다는 개념이었다. 배낭이랑 등산화는 지인에게 빌려왔던 참이었다. 다음 날 새벽에는 히말라야로 갈 수 있는 루클라(Lukla) 공항으로 가는 비행기를 타야 했다. 등산용품을 부모님에게 들키지 않게 움직이느라 조마조마했다.

참고로 네팔에 가면 우리가 아는 대부분의 등산 브랜드 제품을 다 살 수 있다. 노스페이스, 블랙야크 같은 유명 제품들을 쉽고 싸게 구매할 수 있다. 나는 카트만두에서 노스페이스 패딩을 샀다. 가격은 1만 5,000원. 태어나서 처음으로 입어 보는 패딩이었다.

"이 정도면 따뜻하고 좋네!"

물론 가짜였다. 브랜드 마크에는 알파벳이 일부 빠져(TH NORT FACE) 있었다. 그래도 꽤 그럴싸해 보였다. 학생이라 비싼 패딩은 살 엄두가 안 나기도 했지만, 이 정도면 내가 입어 본 옷 중에서는 제일 따뜻했다. 나는 히말라야 등반을 한국에서 동네 뒷산 올라가는 것과 비슷하다고 생각했던 것이다. 그럴 만한 이유가 있다. 카트만두만 해도 해발이 1,400미터쯤 된다. 해발 1,947미터인 한라산과 별 차이가 없다. 나는 카트만두에서 평생 살아왔기 때문에 등산을, 히말라야를 우습게 생각했다. 그러고는 곧 죽을 만큼 후회했다. 아니, 정말 죽을 뻔했다.

산과 신을
지키는 사람들

루클라 공항은 해발 2,800미터에 있는, 세상에서 가장 위험한 공항으로 이름난 곳이다. 지명을 따서 이름을 지었는데 지금은 텐징-힐러리 공항으로 개명됐다. 1953년 에베레스트산을 처음 올라간 셰르파 텐징 노르가이(Tenzing Norgay)와 에드먼드 힐러리 경(Sir Edmund Persival Hillary)의 이름을 땄다. 고지대에 있는 데다 공항 끝은 낭떠러지다. 고도가 높다 보니 기상 상황도 변화무쌍하다. 공항 규모가 작아 경비행기나 헬리콥터 정도만 이착륙할 수 있다. 경비행기를 타고 루클라 공항으로 가다 보면 진동과 소음에다가 바람에 기체가 휘둘리는 탓에 등에 식은땀이 절로 흐른다. 나는 멀쩡한 얼굴을 하고 있었지만, 사실 이때부터 남몰래 후회하기 시작했다.

다행히 무사히 착륙한 뒤 우리는 셰르파와 우리 짐을 들어 줄 포터[1]를 만났다. 아무리 내가 세상 물정을 몰라도 히말라야를 안내할 정도가 아니라는 것은 알고 있었다. 내 역할은 가이드가 아닌 통역이었다. 이런 정도의 역할인데도 나를 데려간 분들에게 새삼 고마웠다.

셰르파는 네팔의 민족이나 인구 구성에는 포함되지 않는 사람들이다. 너무 오지에 있어서 집계를 할 수 없다고 한다. 셰르파(Sherpa)는 티베트어로 '동쪽(Sher) 사람들(Pa)'이라는 뜻이다. 티베트나 인도의 다르질링에서 온 이주민이라고 한다. 이 사람들이 히말라야에 자리를 잡았는데, 동쪽에서 온 사람들이라는 의미에서 셰르파라고 부르게 됐다고 한다. 이건 사실 민족적인 구분일 뿐이다.

직접 만나 보니 산에서 만난 셰르파는 확실히 달랐다. 한눈에도 전문가라는 게 느껴지는 사람들이었다. 내가 본 셰르파는 어린이들조차 볼이 단단하고 손도 쇳덩이 같았다. 산을 위해 태어난 사람들이라는 게 느껴졌다. 연구에 따르면, 셰르파의 신체는 저지대에 사는 일반인들과는 다르다. 어떻게 다른지 몇 가지 예를 들어 보면, 첫째, 셰르파의 미토콘드리아는 일반인들보다 산소를 효율적으로 사용하여 더 큰 에

---

1   짐꾼을 현지에서는 버리야(Bhariya)라고 부른다.

너지를 만든다. 둘째, 고지대에서 일반인들의 몸은 적혈구를 증가시키는데 셰르파들은 적혈구 증가가 훨씬 적다. 그 대신 산화질소 분비가 늘어나 혈관이 확장된다. 셋째, 일반인들보다 몸의 지방을 훨씬 더 쉽게 에너지로 전환할 수 있다. 넷째, 에이티피(ATP)가 고갈되어도 근육 수축을 돕는 에너지 비축물인 포스포크레아틴 수치가 높다. 다섯째, 유리기(free radical)가 일정하게 유지되어 산소가 부족해져도 세포와 조직 손상을 막아 준다.[2]

어려운 말들이 섞여 있는데, 요약하자면 셰르파는 고지대에서도 에너지를 더 효율적으로 사용할 수 있고 산소 부족에 따른 신체 손상도 적다는 의미다. 고산 지대에 사는 슈퍼맨이라고 보면 된다. 오스트리아의 음료 회사 레드불은 에베레스트에서 마라톤 대회를 개최하는데, 언제나 1, 2, 3등은 셰르파가 차지한다. 안전 문제 때문에 4,000미터 정도 고도에서 밑으로 내려오는 마라톤이지만 셰르파는 언제나 산이 자신들의 터전이라는 것을 증명한다.

---

2   이 내용은 다음 기사를 참고했다. 케임브리지대학교 웹 사이트의 〈Himalayan powerhouses: how Sherpas have evolved superhuman energy efficiency〉 기사. 〈The Science Behind The Super Abilities Of Sherpas〉, 《npr》. 〈Why Sherpas Are Superhuman, Mountain-climbing Powerhouses〉, 《Men's Journal》.

하지만 신체 조건보다 더 중요한 건 산을 대하는 태도다. 셰르파는 '산과 신을 지키는 사람들', '산을 존경하고 자연을 따르는 사람들'이다. 이런 사람들이라면 민족이나 출신과는 상관없이 셰르파로 불려야 하지 않을까.

2021년 11월부터 넷플릭스에는 '14좌 정복'이라는 다큐멘터리 영화가 스트리밍되기 시작했다. 네팔인 님스 푸르자(Nims Purja)와 9명의 네팔 셰르파들—밍마 걀제 셰르파(Mingma Gyalje Sherpa), 겔제 셰르파(Gelje Sherpa), 밍마 데이비드 셰르파(Mingma David Sherpa), 밍마 텐지 셰르파(Mingma Tenzi Sherpa), 다와 템바 셰르파(Dawa Temba Sherpa), 펨 치리 셰르파(Pem Chiri Sherpa), 킬루 펨바 셰르파(Kilu Pemba Sherpa), 다와 텐징 셰르파(Dawa Tenjin Sherpa), 소나 셰르파(Sona Sherpa)—이 히말라야의 8,000미터 이상 14개 봉우리를 6개월 만에 오르는 과정을 보여 준다.[3]

이 프로젝트를 주도한 님스 푸르자는 구르카 용병 출신이다. 영국 로열 네이비에서 복무한 엘리트 군인이었다. 엄밀히 말하면 셰르파는 아니지만 나는 그가 셰르파라고 불릴 자

---

3   히말라야 등반 역사에서 셰르파들의 이름은 기록되지 않는 경우가 많다. 님스 푸르자가 주도한 이번 등반에서도 다른 셰르파들의 이름을 찾아보기는 쉽지 않다. 그들을 존중하는 의미에서 가독성이 떨어지더라도 본문에 셰르파들의 이름을 넣었다.

몰려도 너무 몰리는 에베레스트. 님스 푸르자가 직접 찍어 크게 회자됐는데,
2019년 9월 18일자 〈뉴욕타임스〉에 그의 사진과 함께 '에베레스트 트래픽'이 기사화됐다.
ⓒ Nims Purja Instagram

격이 충분하다고 생각한다. 개인적으로 그의 프로젝트(Project Possible)에 소액이지만 후원을 하기도 했다.

이 다큐멘터리를 재미있게 봤지만, 한국어판 제목은 바뀌어야 한다고 생각한다. 어울리지 않는 정도가 아니라 왜곡이나 마찬가지다. 네팔 사람들은, 특히 셰르파들은 산을 오르면서 절대 '정복'이라는 말을 쓰지 않는다. 산은 셰르파들의 삶의 터전이자 그들을 지켜 주는 신이다. 셰르파는 산을 어머니라고 부른다. 실크로드가 있었을 때는 티베트와 교역을 하며 히말라야를 넘었다. 지금은 등반가들의 안전을 책임지고, 그들이 버리고 간 쓰레기를 치우고, 조난당한 등반가를 구한다. 이런 그들이 산을 '정복'의 대상으로 삼는다는 건 있을 수 없는 일이다.

지금 등반가들이 에베레스트를, 히말라야를 올라갈 수 있는 것도 셰르파 덕분이다. 외국인들이 네팔에 와서 히말라야를 오르기 시작했을 때, 실제로 등산로를 개척하고 등반가들을 이끌어 주고 등반가들의 짐을 올려 준 사람들은 모두 셰르파였다. 하지만 등반 기록에 셰르파의 이름은 남지 않는다. 나는 초기 등반가들이 셰르파의 절대적인 도움으로 산을 오르고는 자기가 산을 정복했다면서 자랑하는 것을 이해할 수 없다. 정말 자기 힘으로 올라가긴 한 것인가. 등반 기록에 셰르파의 이름은 남아 있지 않다. 셰르파들은 도전할 생각이 없었

지극히 사적인 네팔

으니 처음 산을 정복한 것은 자기들이라고 생각하는 것인가.

'14좌 정복'에서 님스 푸르자 일행이 6개월 만에 14좌 등반을 완료한 직후의 장면을 보면 씁쓸하다. 대기록을 세웠지만 미디어의 관심은 크지 않았다. 님스 푸르자의 말처럼 '만약 서구권의 등반가가 이 프로젝트를 성공시켰다'면 과연 어땠을까. 네팔인이라서, 셰르파라서 히말라야에 오르는 일이 편한 것은 아니다.

완벽한 셰르파와
모든 것을 채워 주는 야크

우리 일행을 이끌어 준 셰르파는 놀랍게도 한 팔이 없었다. 산에서 사고를 당해서 한 팔을 못 쓰게 됐다고 했다. 에베레스트도 한 번 올라 본 베테랑이었지만 이제는 전문 등반 코스를 따라갈 수 없어서 우리 같은 초심자를 대상으로 가이드를 하고 있었다. 참고로 가이드를 하려면 자격증이 있어야한다. 짐을 날라 주는 '버리야'와는 다르다.

셰르파는 한 팔이 없어도 못하는 일이 없었다. 우리 짐을날라 줄 접게(Jhapke)의 등에 물건을 올리고 묶는 솜씨가 능숙했다. 접게는 야크(Yak)와 소를 교배시켜 태어난 동물이다. 노

셰르파에게 없어서는 안 될 존재, 야크. ⓒ Getty Images

새와 비슷하다고 보면 된다. 나는 야크를 보기를 원했는데, 알고 보니 야크는 고도가 3,000미터 이하일 때는 적응할 수 없어서 살기 어려웠다. 셰르파들은 야크 없이는 살 수 없다. 야크가 짐을 날라 줘야만 교역을 할 수 있었다. 지금은 등반가들의 짐과 물자를 날라 준다. 우유와 털, 가죽과 고기를 제공한다. 야크의 똥은 말려서 연료로 사용한다. 그야말로 셰르파에게 모든 것을 주고 가는 동물이다. 그래서 셰르파도 야크를 고마워하고 배려한다. 절대 함부로 대하는 일이 없다.

사실 우리 목적지는 히말라야가 아니라 에베레스트산 베이스캠프였다. 히말라야가 목적지라고 하면, 태백산맥을 올라간다는 표현처럼 어색하다. 우리는 세계에서 가장 높은 산, 에베레스트산의 베이스캠프까지 가는 게 목표였다.

앞에서 말했듯이, 에베레스트는 네팔어로 서거르마타 (Sagarmatha, Beyond the Sky)다. '하늘보다 높다'는 뜻이다. 에베레스트는 측량가였던 영국의 조지 에버리스트에서 유래한 이름이다. 네팔 사람으로서는 아쉬운 지명이다. 외국인의 이름을 붙인 것도 그렇지만 원래 이름인 서거르마타가 품고 있는 의미가 더 와 닿아서다. 에베레스트를 오르는 것보다는 하늘 너머를 보고 오는 일이 더 멋지지 않을까. 물론 서거르마타보다 한참 밑에 있는 베이스캠프만 찍고 오는 일정이었지만, 마음만큼은 하늘 너머라는 말에 꽂혀 있었다.

"할아버지도, 아버지도 셰르파, 그래서 나도 셰르파"

장부 셰르파(Jangbu Sherpa)는 열두 살부터 등산객들의 가방을 들어주면서 산을 오르기 시작했다. 열여섯 살 때부터는 전문 원정대의 일원으로 산을 오르기 시작한 베테랑이다. 네팔의 유명한 산들은 거의 다 등반했고 에베레스트 원정대에만 17회 참여했다. 셰르파는 직업이 아니라 민족 이름이다. 장부 셰르파는 '셰르파로 일하는 장부'라는 뜻이 아니라 그의 이름이다. 나이를 몇 번이나 물었는데 "40대 초반으로 보이지 않느냐?"는 말만 할 뿐 정확한 나이를 밝히기를 거부했다. 이분의 나이는 독자 여러분의 판단에 맡기겠다.

Q. 셰르파를 하게 된 계기는 무엇인가요?

A. 셰르파를 하게 된 계기요? 이 질문 자체가 무의미한 것 같은데요. 누구나 셰르파가 될 수 있는 건 아니에요. 우리는 셰르파를 할 수 있으니까 하는 거라고 보는 게 맞겠네요. 셰르파(Sherpa)는 네팔의 수많은 민족 중 하나예요. 그중에서도 히말라야 쪽

에서 사는 사람들이죠. 동쪽에서 온 사람들이라고도 하죠. 셰르파 중에서는 보떼(Bhote)라고 불리는 사람들이 있어요. 이 사람들은 셰르파 중에서도 티베트에서 넘어온 사람들이라고 하죠. 그런데 사실 별 의미는 없어요. 다 제가 태어나기 전부터 돌던 옛날이야기일 뿐이에요. 우리 역사가 깊어 보여도 기록이 없어서 우리도 우리가 어떤 사람들인지 잘 몰라요. 그래도 저는 네팔의 높은 곳, 산악 지역에 사는 사람들을 셰르파라고 생각해요. 우리 아버지도 셰르파였고, 지금도 산에서 일하고 있으니 우리는 셰르파인 거죠.

Q. 셰르파는 어떤 일을 하는 사람인가요? 포터와의 차이는 무엇인가요?

A. 포터와 헷갈릴 수는 있을 거 같네요. 셰르파라고 해서 모두가 셰르파 일을 하는 건 아니에요. 셰르파라도 짐을 싣고 운반한다면 포터인 거죠. 전에는 셰르파들만 포터 일을 했어요. 지금은 포터 일을 할 정도로 체력이 있는 네팔 사람이면 다 포터 일을 할 수 있죠. 저도 열두 살 때 짐꾼으로 산을 오르기 시작했어요. 그러다가 열여섯 살 때 아버지를 따라 임자체(Imja Tse)[1]를 올라갔어요. 아버지도 아주 잘나가는 산악인이셨어요. 그때 아버지가 사람들이 쉽게 올라올 수 있게 줄을 설치하고 매

---

1   서거르마타 국립공원에 있는 6,160미터의 봉우리. 얼음 위에 떠 있는 섬 같이 보인다고 하여 아일랜드 피크(Island Peak)로 불린다.

장부 셰르파. ⓒ Jangbu Sherpa

지극히 사적인 네팔

듭을 만드는 것을 보고 멋있다고 느꼈죠. 아버지가 설치한 줄에 16명의 목숨이 걸려 있다는 게 대단해 보였고 매우 인상적이기도 했어요. 아버지가 매듭을 만드는 법을 딱 한 번 가르쳐 주셨는데 어렵더라고요. 그 뒤로 아버지에게 교육을 받으면서 카트만두 등반 학교에서 훈련을 받았어요. 아버지를 이어서 저도 이 일을 따라하게 된 거죠. 어릴 때는 학교에 갈 수 있는 환경도 아니어서 산에서만 시간을 보내기도 했고요.

등반 학교에서 3년 동안 훈련을 받고 20대 초반부터는 원정대를 지도했어요. 네팔에 있는 웬만한 산은 다 다녀왔죠. 에베레스트 원정대만 17회 참여했어요. 2006년도에는 에베레스트 정상에서 4분 40초 동안 옷을 벗고 서 있기도 했죠. 그때 외국에서 스스로를 '아이스맨'이라고 자처하는 분이 에베레스트 지역에 생긴 호수에서 수영을 한다는 말을 들었거든요. 우리 네팔 셰르파도 뭔가 기록을 세워 봐야겠다는 생각이 들어서 미친 짓을 했죠.(웃음)

Q. 셰르파에게 야크는 어떤 의미인가요?

A. 일반적인 사람들은 강아지나 소, 고양이 같은 동물을 보며 자라죠. 우리는 야크를 보면서 커요. 우리한테는 가족 같은 존재예요. 야크는 춥고 험하고 척박한 환경을 이겨내고 살아가요. 그런 모습을 보면 나도 저 야크처럼 살아야겠다는 인생의 교훈 같은 걸 저절로 배우게 돼요. 야크는 높은 곳에 살면서 체력도 좋고 먹을 것도 알아서 해결해요. 같이 살기에

좋은 친구죠. 짐을 운반해 주고, 우유도 주고, 털도 주고. 고기까지 우리에게 남겨 주니 고맙다는 말 말고는 다른 표현이 생각나지 않네요.

Q. 고객은 주로 어떤 사람들인가요? 더 선호하는 고객들이 있나요?

A. 고객들은 다양해요. 관광객부터 초보 등산객, 큰 원정대의 전문 산악인까지 히말라야에 오는 모든 분들이 다 고객인 셈이죠. 기본적으로 더 선호하거나 싫어하는 고객은 없어요. 우리들은 산에 사람들이 와야 먹고살 수 있으니까 누구든지 중요하고 환영한다는 마음을 가지고 있어요. 네팔 사람들은 손님을 신으로 모시잖아요. 지금까지 수많은 사람들하고 등반을 했어요. 그중에서 등반이 끝나면 친구나 가족처럼 여정이 끝난 후에도 계속 안부를 물으며 인연을 이어 나가는 분들은 저에게도 특별해요. 전에 저와 등반을 한 뒤 다시 오셔서 꼭 저하고만 다시 가겠다는 분들을 보면 마음이 녹아나요. 솔직히 싫은 사람들도 있어요. 자연을 무시하고 잘난 척하는 사람들이요. 자기 체력을 과대평가하면서 우리 말을 무시하고 자기 멋대로 등반을 한 사람이 있었어요. 멈추고 쉬어야 한다고 경고해도 듣지 않았죠. 자연을 우습게 본 거예요. 결국 그 사람이 퍼져서 18시간 동안 고생해서 구조한 적이 있었어요.

Q. 히말라야는 어떤 곳이라고 생각나요? 히말라야에 오르는 이유가 있다면?

A. 우리의 고향이죠. 우리 조상들은 신이 사는 신성한 곳이라고 했어요. 자연의 거대함을 보여 주는 곳이잖아요. 사실 저는 산에서만 살아서 별 느낌이 없었어요. 그런데 제가 자주 모셨던 등산객이 이른 아침 고산 지대 텐트에서 차를 마시면서 이런 말을 건네더군요.

"당신은 참 운이 좋은 사람이야. 아침마다 금으로 변한 산들이 인사를 건네잖아. 당신 삶이 참 부러워."

그 말을 듣고 '나의 일상이 다른 사람 눈에는 이렇게 행복하게 보일 수도 있구나. 그리고 나와 함께하는 사람들이 산에서 이런 감동과 사랑을 느끼는구나' 하는 생각이 들었어요. 어떻게 보면 산은 험하고 무서운 곳이지만 저에게는 늘 도전하고 사랑하는 법을 가르쳐 주었다고 해야 하나.(웃음) 두 번 정도 죽을 고비를 넘긴 적이 있는데, 산이 저를 항상 지켜 준다는 생각이 들었어요. 산은 두려움을 잊게 해 줘요.

'오늘 실패해도 내일은 되겠지' 하고 다시 도전하면 그만이에요. 산에 오르면 이른바 멘털이 강해져요. 지금 40대인데요. 20년 넘게 여기서 일했으니 저한테 산에 오르는 건 그냥 일이고 일상인 거죠.

Q. 히말라야 등반로를 개척하며 많은 셰르파들이 희생됐는데도 이름조차 알려지지 않은 경우가 많다고 하던데 이에 대해 어떻게 생각하시나요?

A. 안타깝죠. 전보다 많이 좋아지긴 했지만…. 사실 우리가 없으

면 누구도 산에 못 가요. 다 된 밥에 숟가락 올려놓기죠. 셰르
파들이 착하고 순박해서 그런지 주인공 자리보다는 뒤에서 도
와 주는 역할에도 불만이 없어요. 그래도 우리 일을 인정해 주
는 사람이 있으니 만족하죠. 하지만 목숨을 잃는 셰르파들을
보면 너무 불쌍해요. 정부에서도 산을 관리한다는 명목으로
큰돈을 받지만 정작 산과 등반객들을 지키는 셰르파들에게는
무관심하니 섭섭할 때가 많아요.

Q. 히말라야에 오는 사람들은 어떤 마음가짐을 가져야 할까요?

A. 일단 나는 할 수 있다는 의지가 제일 중요해요. 이건 우리가
넣어 줄 수 있는 게 아니니까요. 그리고 무엇보다도 도전 정신
과 인내심이죠. 무사히 다녀오려면 역시 자연을 존중하는 게
중요해요. 자연을 우습게 보면 한순간에 목숨이 위험해지니
까요.

Q. 히말라야에서 얻은 게 있다면요? 히말라야는 당신에게 어떤
의미인가요?

A. 이런 인터뷰를 하는 것도 다 산 덕분인 거죠. 산에 오를 때마다
신선한 공기를 마시면서 만족하고 행복을 느끼는 것! 힘들 때
도 있지만 모든 게 다 산 덕분이에요. 어디 가서 에베레스트 원
정에 17회 참여했다고 하면 다들 놀라면서 존중해 줘요.(웃음)
제가 존중받고 이렇게 내 이야기를 할 수 있는 것도 다 산 덕
분이에요. 제 삶의 일부라고 해도 될 거 같아요. 몸만 멀쩡하면

늘 처음 느낌을 다시 느낄 수 있는 곳이 히말라야죠.

Q. 히말라야를 찾는 사람들에게 당부하고 싶은 말이 있다면?

A. 일단 저를 믿고 가면 그 누구도 갈 수 있어요.(웃음) 산에 가고
싶다면 저를 찾으세요!

히말라야는 앞서 말한 것처럼 할 수 있다는 생각을 가지고 안
전을 고려해서 천천히 가면 오를 수 있어요. 무엇보다도 당신
이 자연 앞에서 스스로를 낮출 줄 안다면 산도 당신을 받아 줄
거라는 것을 잊지 마세요.

내 인생을 바꾼
히말라야 등정

루클라 공항에 도착했다고 해서 무작정 등반을 시작하는 건 아니다. 사실 베이스캠프까지 가는 길은 등반이라기보다는 트레킹에 가깝다. 하지만 고도가 높다 보니 일반인들에게는 등반과 다를 게 없다.

셰르파들은 산에 오르기 전에 무사를 기원하는 나름의 의식을 한다. 쳐마 뿌자(Chyma Puja)라고 하는 의식이다. '쳐마'는 송구하다는 뜻이다. 산에 올라갈 수 있도록 허락을 구하고, '산을 밟게 되어 죄송하다. 모두가 무사히 여정을 끝낼 수 있게 해 달라'고 빈다. 쿰부 지역에 있는 불교 사원에서 스님들이 와서 이 의식을 해 준다.

셰르파들은 스님의 축복 없이는 산에 오르지 않는다. 신성한 산에 오르는 것은 어려운 여정이기 때문에 다들 축복을

에베레스트 베이스캠프에서 뿌자 의식을 하는 모습.
ⓒ alamy

받고 가야 한다고 생각한다. 한두 시간 동안 불경을 읽고, 향나무를 태우며 헬멧, 신발 같이 산에 갈 때 중요한 물건들을 모아 잘 부탁드린다는 인사를 한다. 그러고는 흰쌀을 뿌리고 참파(Tsampa)를 서로의 얼굴에 발라 주며 좋은 일이 있기를 기원한다. 참파는 쌀이나 보리의 씨앗을 타작하고 구운 다음 가루로 만든 티베트와 히말라야의 전통 식품이다.

셰르파들은 여기에 더해 룽따(Lungta)라는 사각형 깃발을 달기도 한다. 장대를 세우거나 높은 곳에 줄을 달아 땅에 사선으로 연결하여 깃발을 다는 것이다. 사원 같은 곳에서도

지극히 사적인 네팔

룽따에 불경을 써 넣고 소원을 빌어 걸어 놓으면 바람이 소원을 산에게 전달한다고 한다.
© Getty Images

흔히 볼 수 있다. 보통 바람에 깃발이 마모되어 삼각형처럼 보이기도 한다. 산에서 룽따는 정상이나 베이스캠프 등에 걸어 놓는다. 티베트어로 룽따는 풍마(風馬, wind horse)다. 여기에 불경을 써 넣고 소원을 빌어 걸어 놓으면 바람이 소원을 산에게 전달해 준다는 믿음이 있다. 이 모든 게 산에서 무사히 돌아올 수 있도록 축복해 달라는 의식이다. 룽따는 일반인들도 원하면 걸 수 있다. 셰르파들이 의식을 할 때 소원을 담아 함께 룽따를 걸어 보는 것도 좋다.

기상 조건이 좋을지 점치는 행위를 하기도 한다. 밤에 모닥불을 태우면서 불꽃을 바라보는, 이른바 '불멍'을 하는 시간이 있다. 이때 셰르파들은 모닥불에 소금을 뿌린다. 소금이 타는 소리가 요란하면 불길하다. 기상 조건이 안 좋으니 가지 말자고 한다. 소리가 안 나면 신이 허락했다고 한다. 날씨가 좋으면 신이 길을 허락한 것이고, 나쁘면 신이 길을 막은 것이다. 아마 소금이 날씨에 따라 머금은 습기의 양이 소리의 크기를 좌우하는 게 아닐까 하지만, 셰르파가 실크로드를 오가며 축적한 경험을 신의 의도로 해석하는 게 낭만적이기도 하고 은근히 믿음도 간다.

다행히 우리 일행은 신의 허락을 받았다. 날씨가 좋아서 베이스캠프로 향하는 데 큰 문제는 없었다. 문제는 나였다. 나는 산을 너무 우습게 봤다. 하루에 길어야 20킬로미터를 7~8시간에 걸쳐서 가는데 이렇게 힘들 줄은 몰랐다. 금세 호흡이 가빠 오고 머리가 앞으로 고꾸라졌다. 구부정한 허리 때문에 가슴이 더욱 쪼그라들었다. "흐하악 하하아학" 하면서 거친 숨이 올라왔다. 호언장담했건만 제일 힘들어 하는 건 나였다.

설상가상 일행으로 온 아저씨 한 분은 쉬는 시간마다 나에게 이것저것을 꼬치꼬치 캐물었다. 가족 관계, 꿈, 전공을 물어보더니, 내가 도시 계획 전공이라고 대답하니까 여기 쉼터에 있는 빈 공간을 어떻게 활용하면 좋겠냐는 이상한 질문까지 했다. '어떻게 하긴 뭘 어떻게 해요. 여긴 고도가 얼마인데

지극히 사적인 네팔

무슨 도시 계획을 짜요?' 속으로는 이렇게 생각해도 입 밖으로 꺼낼 수는 없었다. 어쨌든 그분은 고객이고 나는 피고용인이 아닌가. 숨을 헐떡거리면서도 웃으면서 대답하려니 피로가 몰려왔다.

나는 이렇게 힘들게 올라가는데, 셰르파나 포터 들은 정말 슈퍼맨 같았다. 특히 포터들은 우리랑 같이 출발하더니 우리가 하루 종일 걸리는 코스를 두세 번씩 왕복했다. 60~70킬로그램짜리 짐을 들고 말이다. 이런 식으로 더 뛰어야 돈을 더 벌 수 있어서다. 그런데 이분들이 우리를 앞질러 간 다음 다시 내려올 때 만나면 너무 짜증이 났다.

"아저씨 얼마나 남았어요?"

"어, 다 왔어. 다 왔어. 얼마 안 남았어."

아까 스쳐 지나간 다른 포터 아저씨도 똑같은 말을 했는데 끝이 보이질 않았다. 우리 일행 아저씨들도 한마디씩 하셨다.

"한국하고 어쩌면 이렇게 똑같냐. 산에서 내려오는 놈 말은 믿으면 안 돼."

그분들이 사실대로 얘기했으면 더 힘들었을 거 같기도 하다. '조금만 더! 조금만 더 힘내자!' 이렇게 분발하기보다는 포기하고 싶다는 생각이 더 강해졌을지도 모르니까. 그래도 30분이 지나고 1시간 넘게 걸어도 목적지에 도착하지 못할 때는 정말 그분들을 때리고 싶어질 정도였다. 이 양반들은 시간 개념이란 게 없는 건가.

혹독한 것은 고도만이 아니었다. 밤이 되면 진짜 문제가 시작됐다. 춥다. 나는 네팔이 이렇게 추운 줄 몰랐다. 아니 산이 이렇게 추운 곳인 줄 몰랐다. 해만 떨어지면 차원이 다른 추위가 찾아왔다. 심지어 가져간 디지털 카메라의 렌즈가 깨져 버릴 정도였다. 전자 제품 종류는 침낭 같이 보온이 가능한 곳 속에 넣어 얼지 않도록 해야 하는데, 아무 생각 없이 침낭 밖에 두었더니 렌즈가 쪼개져 버렸다. 그걸 보면서 내 몸도 깨지는 게 아닌가 하는 생각이 들었다. 1만 5,000원짜리 노스페이스 패딩은 노스페이스가 아니라는 것도 몸으로 알게 됐다. 패딩은 좋은 걸 사야 했다. 한국 등산객들이 왜 브랜드 제품을 고집하는지 알 것 같았다. 네팔 사람이 한국인과 함께 에베레스트에 왔는데 네팔 사람 혼자 얼어 죽게 생겼으니 내가 생각해도 어처구니없는 일이었다.

신에게 보낸
이력서

이 여정의 하이라이트는 고산병이었다. 드디어 해발 5,364미터에 있는 베이스캠프에 도착했는데, 끝이 아니었다. 하루

지극히 사적인 네팔

일정이 더 남았다고 했다. 이유를 물으니 여기서는 에베레스트 사진을 못 찍는다는 거다. 듣고 보니 아무리 하늘을 올려다봐도 에베레스트처럼 보이는 산이 없다. 베이스캠프에서는 에베레스트가 안 보이는구나! 그래서 다음 날 새벽에 일어나서 주변에 있는 5,500미터짜리 봉우리인 칼라 파타르(Kala Patthar)에 올라야 한다는 거다. 그곳에는 에베레스트를 배경으로 사진을 찍을 수 있는 포토 존이 있다. 여기 오는 사람들은 다들 에베레스트에 간다고 왔을 텐데, 정작 구경도 못 하고 가면 안 되지 않나. 우리 같은 사람들을 위한 코스였다.

그날 밤에 본 하늘은 평생 잊을 수 없다. 그야말로 별이 쏟아지는 밤하늘이었다. 이렇게 맑은 밤하늘은 처음이었다. 카트만두는 대기오염이 심하다. 문득 핸드폰을 보니 와이파이 신호가 한두 칸 정도 됐다. 나는 하늘을 보면서 엄마한테 전화를 하고 싶었다. 슬리퍼에 반바지, 반팔 차림으로 밖에 나가서 엄마에게 전화를 걸었다. 그러고는 내가 에베레스트에 왔다는 걸 이실직고하고는 걱정 마시라고 말씀드렸다. 혼나기는 했지만 즐겁기도 하고 좋은 경험을 했다면서 안심시켜 드렸다. 그렇게 20분 정도 통화를 하고 저녁 식사를 하려고 식당에 들어왔다. 그러고는 숟가락을 드는 순간 그대로 쓰러졌다.

고산병에 걸리면 누군가 망치로 뒤통수를 계속 때리는 느낌이 든다. 차라리 머리가 깨지면 좋겠다는 생각이 들 정도다. 눈알이 튀어나올 거 같고 숨 쉬는 게 힘들다. 먹었던 걸다 토해내고 몸에 힘이 안 들어간다. 말로만 듣던 고산병에 걸리다니. 긴장을 풀고 밖에서 20분 정도 통화했다고 이렇게 되다니 믿을 수가 없었다. 내가 얼마나 경솔했는지, 얼마나 히말라야를, 에베레스트를 우습게 봤는지 후회했지만 이미 늦었다.

셰르파의 경험은 이럴 때 빛을 발했다. 우리 일행인 셰르파 형은 나에게 곧바로 생마늘과 생양파를 먹였다. 마침 우리 팀이 가지고 있던 산소통을 이용해 호흡을 하게 했다. 그러고는 샥파(Shakpa)라는 수프를 만들어 줬다. 셰르파 수프라고 불리는 샥파는 한국의 수제비와 비슷하다. 산에서 주로 찾을 수 있는 식재료로 만든다. 밀가루로 만든 수제비에 감자, 양파, 마늘, 고추 등을 넣어 끓이는 맑은 국이다. 여기에 초피나무로 만든 소스 한 숟가락을 넣어 먹으면 얼큰하고 속이 풀린다. 이걸 억지로 먹은 다음 비아그라 반 알을 입에 넣었다. 이제 잠을 자면 괜찮아질 거라고 했는데 정말 다행히도 다음 날 괜찮아졌다. 여기까지 와서 히말라야를 배경으로 사진도 못 찍고 가나 걱정했는데 천만다행이었다. 마늘과 양파 때문인지, 산소 때문인지, 셰르파 스프 때문인지, 비아그라 때문인지 알 수는 없지만 셰르파 형이 없었으면 고생이란

수제비와 비슷한 샥파.
고산병에 효과가 좋은 셰르파만의 음식이다. ⓒ Sujan

고생은 다 하고 여행을 망칠 뻔 했다.

다음 날 새벽, 포토 존에 올라갔더니 먼저 올라와 있던 세르파 형이 페트병을 내민다. 우리 일행이 챙겨 왔던 소주였다. 이런 센스쟁이. 여기까지 온 걸 축하한다며 한잔씩 마신 소주는, 맹세코 내가 마셔 본 최고의 술이었다.

에베레스트. 등반은 아니고 배경으로 사진만 찍고 왔을 뿐이지만, 나에게는 인생에서 가장 큰 경험이었다. 내 한계는 어디까지인지, 어디까지 버틸 수 있는지 알게 됐다. 인간은 적응하면 어디서든 살 수 있겠다는 것을 알았고, 대자연을 거스르면 안 된다는 것도 체득했다. 어마어마한 자연의 힘 앞에서 인간은 무력하고 순응해야만 하는 존재였다.

무엇보다도 에베레스트를 갔다 온 덕분에 나는 한국에서 자리를 잡을 수 있었다. 올라가는 도중에 이것저것 물어보며 나를 귀찮게 했던 아저씨는 지금 내가 일하는 회사의 사장님이다. 2013년 그분에게 밥 한번 먹자는 연락이 왔다. 나는 그때도 학생이었으니 마다할 이유가 없었다. 그분은 나에게 자기 회사의 번역 일을 해 보지 않겠냐고 하셨다. 그것도 마다할 이유가 없었다. 대학교를 졸업할 때쯤에는 자기 회사에 들어오지 않겠냐고 하셨다. 번역 일을 하면서 그분 회사가 무엇을 하는지 대충 알고 있었고 재미도 있었기에 감사하다고 했다. 취업 걱정을 덜었으니 더 바랄게 없었다.

지극히 사적인 네팔

"이력서는 안 보내드려도 될까요?"

"이력서는 무슨. 면접만 2주 넘게 봤는데."

그분은 여행 내내 내 면접을 본 거였다. 번역 일을 맡기면서 자기 회사에 맞나도 확인해 보고, 내가 회사 일에 대한 기초적인 지식을 쌓게 한 것이었다. 그 덕분에 나는 별다른 걱정 없이 취직해서 회사를 잘 다니고 있다. 그렇게 기반을 잡았기에 '비정상회담' 같은 프로그램에도 출연할 수 있었다. 히말라야가 아니었다면 지금 나는 어떻게 살고 있었을까. 히말라야에는 신이 산다더니 정말인가 보다. 나마스테.

살아 있는 여신,

쿠마리

네팔에는 살아 있는 여신이 있다. 쿠마리(Kumari) 혹은 쿠마리 데비(Kumari Devi)라고 부른다. 쿠마리는 네팔어로 '처녀'라는 뜻이고, 데비는 산스크리트어로 '여신'이라는 의미다. 쿠마리는 곧 처녀 여신이다. 실제로는 네다섯 살 정도의 여자아이를 뽑아 초경 전까지 여신으로 섬기는 네팔만의 전통이다.

쿠마리는 어떻게 이야기해야 할지 고민되는 주제다. 이른바 '보편적인 인권'이라는 기준으로 보면, 쿠마리는 없어져야 할 악습이다. 그러나 네팔에서 쿠마리는 악습으로만 치부할 수 없는, 사회를 유지하는 시스템의 일부다. 특히 힌두교와 불교의 종교 통합이라는 측면에서 그렇다.

네팔에서는 힌두교의 여신 탈레주(Taleju) 혹은 두르가

2021년 인드라 자트라 축제에 모습을 드러낸 쿠마리. ⓒ Getty Images

(Durga)가 어린 여자아이의 몸에 화현(化現)[1]한 존재가 '쿠마리'라고 믿는다. 두르가는 힌두교의 여신 파르바티가 가진 여러 면모 중 하나로 악에 대한 승리를 의미하는 '전쟁의 여신'이다. 따라서 쿠마리는 네팔의 수호신과 마찬가지 취급을 받는다. 탈레주는 네팔의 카트만두 지역에서 숭배됐던 왕가의 수호신이다. 두 여신이 융합돼 나타난 게 지금의 쿠마리다.

네팔의 쿠마리 숭배는 약 17세기 정도부터 시작된 것으로 알려져 있다. 이에 관한 몇 가지 전승이 있는데, 대부분은 12세기부터 17세기까지 존재했던 말라 왕조와 연관돼 있다. 이 전승들을 알면 쿠마리를 이해하기가 한결 편해진다.

1. 어느 날 밤 탈레주 여신이 자야 프라카시 말라(Jaya Prakash Malla, ?~1769)[2] 왕의 방을 찾아왔다. 여신은 자신이 왔다는 것을 아무에게도 알리지 않는 조건으로 왕과 매일 트리파사(Tripasa)[3]라는 게임을 했다고 한다. 그런데 왕이 밤늦게까지 누구를 만나는지 궁금해 했던 왕비가 방을 찾아와서 탈레주 여신이 왔다는 것을

---

1 부처나 보살이 중생을 교화하고 구제하려고 여러 가지 모습으로 변하여 세상에 나타나는 것.

2 말라 왕조의 마지막 왕.

3 네팔의 전통놀이. 지금은 거의 사라졌지만 네팔의 신화나 사극에서 많이 찾아볼 수 있다. 한국의 윷놀이와 비슷한 게임이다.

자야 프라카시 말라 왕과 트리파사 게임을 하고 있는 탈레주 여신.
ⓒ Wikipedia

들키게 된다. 화가 난 여신은 왕을 떠나면서 왕국이 자신의 보
호를 계속 받고 싶다면 네와르 민족의 샤키야 가문에서 자신이
현현할 어린 여자아이를 찾으라고 했다.

2. 탈레주 여신은 인간의 모습으로 트라일로키아 말라(Trailokya
Malla, ?~1613) 왕을 찾아왔다. 여신은 왕과 트리파사 게임을 했
고, 국정도 논했다고 한다. 그러다 왕이 여신에게 욕정을 품자
격노한 여신이 궁전을 떠나 버렸다. 왕은 여신에게 기도하며
다시 돌아오기를 간청했고, 여신은 샤키야 가문의 어린 처녀에
게 화현하겠다고 했다.

지극히 사적인 네팔

3. 자야 프라카시 말라 왕 때 한 소녀가 두르가 여신에게 홀렸다는
   이유로 카트만두에서 추방당했다. 이를 알게 된 왕비가 그 소녀
   를 데려와서 두르가 여신의 화신으로서 섬겨야 한다고 했다.

이런 이야기들이다. 이런 전승들은 정확한 역사 기록이 아
니다. 어렸을 때부터 듣고 자랐기 때문에 익숙한 이야기들이
다. 첫 번째로 소개한 전승에는 탈레주 여신이 붉은 뱀의 모
습으로 찾아왔다는 버전도 있다. 그래서 네팔에서는 태몽으
로 붉은 뱀이 나오는 꿈을 꾸면 아이가 쿠마리가 될 징조라
고 여긴다.

쿠마리는 곧 왕가와 네팔 왕국의 수호자다. 그래서 네팔
이 왕정이었던 시절에는 카트만두의 로열 쿠마리를 뽑을 때
쿠마리와 왕의 궁합을 보기도 했다. 지금은 왕정이 사라졌지
만, 아직도 새로운 쿠마리를 뽑을 때는 마지막 왕이었던 갸
넨드라와의 궁합을 본다.

전설을 보면 쿠마리는 샤키야 가문에서 뽑는다는 걸 알 수
있다. 그래서 내 동생도 쿠마리 후보가 된 것이었다. 샤키야
가문은 석가모니의 후손이라고 한다. 석가모니 후손의 몸에
힌두교 여신이 현현한다. 그래서 쿠마리는 힌두교와 불교 사
이의 화합을 보여 주는 여신이다. 사실 네팔 사람들의 80퍼
센트는 힌두교 신자이지만, 불교 신자의 수도 적지 않다. 쿠

마리는 종교 갈등이라는 불씨를 잠재우는 역할을 한다.

여기까지는 그럭저럭 누구나 전통이라는 측면에서 이해하고 포용할 수 있는 이야기다. 쿠마리가 비판받는 지점은 어린 여자아이만이 될 수 있다는 것이다. 쿠마리는 여신을 담는 그릇이다. 조금의 흠도 있어서는 안 된다. 네팔에서는 생리를 하면 결혼할 수 있다고 생각한다. 초경을 하는 것만으로도 처녀의 자격이 사라진다. 네다섯 살 정도의 어린 여자아이를 뽑아 신이라며 숭배하고는, 초경을 시작하면 일반인으로 강등시키는 것이다. 쿠마리는 일상과 단절된 채 정신적·육체적으로 성장하고, 정상적인 교육과 사회화 과정을 받아야 할 시기를 놓치게 된다. 아이의 의사와는 상관없이 뽑아놓고는 효용이 다하면 내친다는 비판이 따라올 수밖에 없다.

쿠마리
선발 절차

샤키야 가문은 쿠마리와 관계가 깊다. 내 큰어머니는 아예 쿠마리가 사는 궁전, 쿠마리 거르(Kumari Ghar)를 관리하는 집안 출신이다. 어릴 때부터 쿠마리와 함께 지내셨고, 그 덕분에 나도 쿠마리 거르에 많이 놀러 갔다. 네와르 민족에서 쿠

쿠마리 거주하는 집, 쿠마리 거르. ⓒ Getty Images

마리를 뽑는 일은 대단히 큰 행사다. 나름 영광이기도 하다. 내 둘째 동생이 쿠마리 후보가 됐을 때 가족들은 꽤 긍정적으로 생각했다고 한다. 실제로 엄마는 동생을 임신했을 때 뱀 꿈을 꾸기도 했다.

쿠마리는 네팔에 11명이 있다. 각 지역별로 관할이 있다고 보면 된다. 즉, 네팔에는 탈레주 여신이 현현한 11명의 소녀들이 있다는 의미다. 지역별로는 카트만두를 비롯해 파탄, 박타푸르 등의 쿠마리가 가장 중요하게 여겨지는데, 그중 카트만두 쿠마리는 로열 쿠마리, 다시 말하면 왕실과 직접 연결된 쿠마리로 사실상 네팔을 대표하는 쿠마리라고 할 수 있다.

쿠마리가 여러 명인 이유는 네팔 왕국의 확장이 카트만두를 중심으로 이뤄졌기 때문이다. 카트만두 말라 왕조의 수호신이었던 쿠마리는 네팔 왕국이 만들어지면서 네팔 왕국의 수호신이 돼야 했다. 네팔 왕국이 확장하면서 쿠마리의 수호 범위도 늘어나게 된 것이다. 그러나 지방 사람들에게 카트만두는 너무 멀었다. 살아 있는 여신을 알현하고 축복과 가호를 받으려면 지방에도 쿠마리가 필요했다. 카트만두의 종교적 전통이 왕국의 확장과 함께 네팔 전체로 확산된 것이다.

쿠마리는 샤키야 가문만 할 수 있다고 하지만, 실제로는 샤키야 가문과 바즈라샤리아(Bajracharya) 가문에서 뽑는다. 바즈라샤리아 가문은 네와르 민족의 브라민이다. 카스트로 보면 샤키야와 결혼할 수 있는 가문이기도 하다. 하지만 카트만두 로열 쿠마리는 오로지 샤키야 가문에서만 뽑는다. 2022년 현재 카트만두 쿠마리는 2017년부터 쿠마리가 된 뜨리슈나 샤키야(Trishna Shakya)다. 〈JTBC〉 '내 친구의 집은 어디인가'에 출연한 쿠마리는 파탄 지역의 유미카 바즈라샤리아(Yumika Bajracharya)다. 그분은 2014년에 쿠마리가 되어 2018년에 은퇴했다.

내 동생은 쿠마리 후보가 됐을 때 심사에서 일찌감치 떨어졌다. 카트만두 쿠마리가 되려면 위로 4대까지는 카트만두에서 살았어야 하는데, 우리 할아버지는 박타푸르 출신이었다. 다행인지 불행인지 동생은 서류에서 바로 떨어지는 바람에 더 이상 심사를 받을 필요가 없었다.

후보 중 카트만두에서 4대 이상 살아온, 샤키야 가문에 몸에 상처가 없는 여자아이라면 다음 단계로 넘어간다. 다음의 표는 32가지 항목의 외모 평가 목록이다.

평가 항목을 보면 예전 사람들이 외모의 기준을 어디에 두었는지 짐작할 수 있다. 머리와 눈은 검푸른 색, 동그란 어깨나 넓은 이마 같은 조건들이다. 하지만 아무리 좋게 이야기하더라도 가축을 품평하는 듯한 느낌이다. 다른 사람이 나를

1	맵시 있는 발 (Shapely feet)
2	발바닥 아래쪽 원 (A circle under the sole of foot) *
3	보기 좋은 발뒤꿈치 (A well-formed heel)
4	긴 발가락 (Long toes)
5	오리 같은 손과 발 (Feet and hands like a duck) **
6	부드럽고 유연한 손과 발 (Tender and supple feet and hands)
7	삽탁차타 이파리 같은 몸매 (A body formed like a Saptacchata leaf) ***
8	사슴 같은 허벅지 (The thighs of a deer)
9	골반 깊숙한 곳에 위치한 성기 (Genitals positioned deep in the pelvis)
10	동그란 어깨 (Round shoulders)
11	사자의 마음 (The chest of a lion)
12	긴 팔 (Long arms)
13	깨끗한 몸 (A pure body)
14	홍합 같은 목 (A neck like a mussel)
15	사자 같은 뺨 (Cheeks like a lion)
16	40개의 이 (Forty teeth)
17	매끈한 이 (Shapely teeth)
18	하얀 이 (White teeth)
19	작은 혀 (A small tongue)
20	촉촉한 혀 (A moist tongue)
21	참새의 낮은 목소리 (The deep voice of a sparrow)
22	검고 푸른 눈 (Black blue eyes)

▶▶

23	암소의 속눈썹(The lashes of a cow)
24	아름다운 그림자(A beautiful shadow)
25	금빛 그림자(A gold-colored shadow)****
26	아름다운 피부색(A beautiful skin color)
27	오른쪽으로 곧게 뻗은 가르마(Straight, but turning to the right hair)
28	검고 푸른 머리카락(Black blue hair)
29	넓은 이마(A broad forehead)
30	동그란 두상(Around head)
31	보리수 같은 몸(A body like a banyan tree[Nyagrodha])
32	강인한 몸(A strong body)

---

*   엄지발가락 바로 밑의 두툼한 볼이 둥글어야 한다는 의미다.
**   실제로는 오리 같은 몸짓을 의미한다고 한다.
***   삽탁차타는 바나나 잎이다. 네팔에서는 식사를 할 때 바나나 잎을 접시처럼 사용하기도 한다.
**** 쿠마리의 그림자는 부와 번영을 의미하는 금빛이라고 한다.

이런 기준으로 샅샅이 살펴본다고 하면 존엄성이 무너지는 듯한 느낌이 들지 않을까. 아무리 어린아이라고 하더라도 트라우마가 남을 수도 있지 않을까.

이 기준까지 충족하면 이제 정신적인 면을 시험한다. 쿠마리 후보는 전대의 쿠마리가 사용했던 물건을 고를 수 있어야 한다. 이를 통해 신과 교감할 수 있는지 시험한다. 마지막 단계는 캄캄한 방에 쿠마리 후보를 하루 동안 가두는 것이다. 방에는 돼지, 닭, 양의 사체가 놓여 있다. 피비린내 나는 캄캄한 방에 다섯 살도 안 된 아이를 두고 아이가 무서워하는지 보는 시험이다.

쿠마리를 뽑는 과정을 보면 비판하지 않을 수 없다. 말 그대로 전근대적인 관습처럼 보인다. 가축을 평가하듯이 아이의 외모에 줄자를 들이댄다. 마지막 시험은 학대와 다름없다. 가장 말이 안 되는 부분은 신이 될 자격을 인간이 판단하는 것이다. 무슨 자격으로 인간이 신이 될 자격을 판단하는 것일까.

선발된 이후에도 문제다. 쿠마리는 땅을 밟아선 안 된다고 한다. 힌두교에서 땅은 부정하고 더러운 존재이기 때문이다. 어딘가로 이동할 때는 무조건 누군가에게 안겨서 가거나, 가마를 타야 한다. 혼자 걷는 것도 허용되지 않는다. 일부 지역의 쿠마리는 학교에 갈 수 있지만, 카트만두, 파탄, 박타푸르

쿠마리는 땅을 밟아서는 안 된다. 누군가에게 안겨 가거나, 가마를 타야 한다.
ⓒ Getty Images

쿠마리는 학교에도 못 간다. 쿠마리의 집인 쿠마리거르에서 모든 생활을 해야 한다. 한창 응석부리고 공부해야 할 시기에 사회와 단절돼 여신이라는 철창 안에 갇힌다. 이렇게 살다 쿠마리에서 은퇴하면 정상적인 생활을 할 수 있을까.

쿠마리에서 은퇴한 후에는 정상적인 생활을 하기 어렵다. 신으로 추앙받다가 갑자기 일반인으로 강등되는 셈이니 적응하기가 쉬울 리 없다. 갑자기 사회생활을 해야 하고, 학교에도 다녀야 한다. 친구들을 사귀어야 하고 돈도 벌어야 한다. 가장 큰 문제는 결혼이다. 쿠마리는 팔자가 사나워서 남자를 잡아먹는다는 선입견이 있다. 그래서 결혼 상대로 썩 환영받지 못한다. 많은 쿠마리들이 결혼하지 못하고 쓸쓸하게 살아간다. 이런 선입견은 다행히 조금씩 사라지고는 있다. 할아버지의 백부가 쿠마리였던 분과 결혼하셨는데 할아버지의 백모님이 백부님보다 먼저 돌아가셨다. 게다가 백부님은 무려 백두 살까지 장수하셨다. 운명 따위는 없다는 듯한 삶을 사신 할아버지의 백부님과 백모님 덕분에 쿠마리는 팔자가 세다는 편견이 많이 없어졌다는 이야기다.

지극히 사적인 네팔

쿠마리의 운명은
네팔에 달려 있다

다행히 쿠마리에 대한 실상이 알려지면서 쿠마리에 대한 처우는 점점 좋아지고 있다. 학교에는 못 간다고 해도 가정 교사가 와서 교육을 시키고 자유 시간도 보장한다. 친구들을 불러 놀 수 있게 해 주기도 한다. 은퇴하면 연금도 준다. 일종의 공무원으로 인정해 주는 것이다. 나라를 위해 희생했다는 인식이 점점 확대되고 있어서다.

나는 큰어머니 덕분에 쿠마리 거르에 가서 쿠마리가 된 아이들을 자주 봤다. 그 아이들은 외부인과 만나지 않을 때는 그냥 어린아이와 똑같다. 울기도 하고 투정을 부리기도 한다. 떼를 쓰기도 하고 이가 썩을 때까지 초콜릿을 먹기도 한다. 보통 아이들과 똑같다. 아이를 부를 때 이름이 아니라 '더마(더=신, 마=엄마)', 즉 엄마 신이라고 부르는 것만 빼면 말이다. 이런 것들을 생각하면 쿠마리 제도를 포기해야 하는 게 아닌가 싶다. 아이들을 희생해서, 아이들에게 책임을 떠안기며 사회적인 효용을 얻는 것은 어른들의 비겁한 변명이라는 생각이 들기도 한다.

그런데 막상 쿠마리를 없애자는 이야기를 꺼내라고 한다면 쉽게 입이 떨어지지 않는다. 머리로는 말도 안 되는 제도라고 생각한다. 하지만 네팔 사람으로서 쿠마리가 어쩌면 정말 신적인 존재가 아닐까 하는 상황을 많이 봤다. 떼를 쓰고 울던 아이가 인드라 자트라 같은 축제를 위해 밖으로 나가면 완전히 다른 사람이 된다. 쿠마리는 이때 뱀 모양 목걸이(Nag Sikha, 나그 시커)를 착용하는데, 이걸 목에 걸면 순식간에 사람이 변한다. 눈빛이 달라지고 위엄이 깃든다. 어른들도 힘든 일정을 담담하게 치러낸다. 도저히 아이 같지 않다. 서구 문화에 익숙한 사람이라면 이런 걸 보고 접신한 거라고 생각하는 것 자체가 미신이라고 여길 것이다. 하지만 나는 역시 네팔 사람이다. 무작정 쿠마리 숭배가 미신이라고 말하기는 쉽지 않다.

쿠마리를 어떻게 볼 것인가. 네팔이 앞으로 어떻게 변해 갈지를 알 수 있는 척도는 결국 네팔 사람들의 쿠마리에 대한 인식이라고 생각한다. 전근대 사회의 사회 통합을 목적으로 만들어진 쿠마리는 아직 그 역할을 내려놓지 못했다. 아직 네팔은 사회 갈등을 직시할 준비가 되지 않았다는 의미다. 쿠마리가 특색 있는 전통으로 개선될지, 전근대적 상징으로 계속 남게 될지는 네팔이 풀어야 할 숙제다. 나로서는 쿠마리의 인권 침해적인 측면을 개선하여 네팔만의 특색 있는 전통으로 남았으면 하는 바람이 있다. 이건 나와 네팔 사람들의 숙제다.

소외된 남자 신,
쿠마르

네팔에는 쿠마르(Kumar)라는 살아 있는 남자 신도 존재한다. 쿠마리와 거의 비슷한 개념의 신이다. 쿠마르는 소년이라는 의미다. 쿠마리처럼 아이일 때 뽑아서 열다섯 살 쯤에 은퇴한다. 가네샤와 바이럽(Bhairav)이 화현한 신이 쿠마르다.

쿠마르 역시 신화와 관계가 있다. 천국에 사는 인드라(Indra) 신이 카트만두에 있는 '빠리자트(Parijat, 밤꽃재스민)'라는 꽃을 훔치러 왔다가 사람들에게 사로잡혔다. 사람들은 인드라가 도둑인 줄 알고 묶어놓고는 어떻게 처벌할지 논의했다. 한편 천국에서는 인드라 신이 돌아오지 않자 인드라의 어머니인 다키니(Dakini)가 인드라를 찾아서 내려왔다. 잡혀 있는 인드라를 찾아낸 다키니는 사람들에게 인드라를 풀어 달라고 요청했는데, 사람들은 아무리 신이라도 도둑질은 용납할 수 없다며 거절했다. 그러자 다키니는 카트만두에 이슬을 내리게 해 주겠다며 협상을 했다. 당시 카트만두에는 비가 오지 않았기 때문이다. 사람들은 다키니의 제안을 받아들여 인드라를 풀어 주었다고 한다. 그러고는 이슬 덕분에 풍요로워진 것을 기념해 인드라 신을 모시는 축제를 열었다. 이 것이 인드라 자트라 축제다.

신화를 보면 인드라 신이 사람들에게 잡혔다는 게 좀 이상하다. 더 이상한 건 인드라를 풀어 주고 카트만두에 이슬을 내려 준 건 다키니 신인데 인드라를 모시는 축제를 열었다는 거다. 나도 궁금해서 이런저런 자료를 찾아봤는데, 이런 설도 있었다. 인드라 가 사람들한테 잡혀서 삐졌기 때문에 달래느라 인드라를 위한 축제를 만들었다는 거다.

아무튼 인드라 자트라는 카트만두 지역에서 가장 중요한 축제 중 하나가 됐다. 그런데 가네샤나 바이럽도 모시면 좋겠다고 하는 사람들도 있었던 모양이다. 힌두교에서 가네샤는 시작을 알려 주고 소원을 들어 주는 신, 바이럽은 첫 번째 왕이자 인드라의 아바 탈이라고 생각한다. 이 신들이 화현한 남자아이를 뽑아 쿠마리처럼 살아있는 신으로 모시자고 했다. 쿠마르는 이렇게 탄생했다는 설이 있다. 그래서 인드라 자트라 축제 때는 가네샤 쿠마르가 먼저 가마를 타고 나오고, 그다음이 바이럽, 마지막으로 쿠마리가 행진한다.

쿠마르를 뽑는 과정은 쿠마리와 거의 비슷하다. 가지고 있는 문제점도 비슷하다. 아니, 더 심각하다. 쿠마리는 보통 열두세 살 정도면 후계자를 정해서 교체한다. 이제는 초경 여부를 따지지 않는다. 하지만 쿠마르는 후계자가 잘 나타나지 않는다. 심하면 열다섯 살까지 하는 경우도 있다. 알 거 다 아는 사춘기 나이에 '살아 있는 신' 노릇을 하는 건 정신적으로 견디기 어렵다. 네댓 살의

지극히 사적인 네팔

나이에, 아무것도 모를 때는 갑자기 신이 된다고 하니 신나 있다가 철이 들면서는 스스로에게 '이게 뭐하는 짓인가' 하는 질문을 하게 된다. 또래들은 '중2병'을 겪을 나이인데 말이다.

진짜 문제는 은퇴한 이후다. 쿠마리의 처우는 점차 좋아지고 있는데 반해 쿠마르는 그야말로 소외받고 있다. 쿠마르에게는 은퇴 후에 아무런 혜택도 주어지지 않는다. 학교를 다녀도 장학금은 학교 재량에 달렸다. 연금도 쿠마리보다 적다. 쿠마리에 비해 혜택은 없지만 희생은 똑같거나 더 치러야 한다. 그래서 쿠마르 출신들은 박탈감이 크다. 내 조카도 쿠마르가 될 예정이다. 조카가 쿠마르에서 은퇴했을 때 희생에 대한 정당한 대가를 받을 수 있을까. 조카에게 미안해진다.

"나그 시커를 목에 걸면
이상한 느낌이 들었어요"

머띠나 샤키야(Matina Shakya)는 2008년부터 2017년까지 카트만두 로열 쿠마리였다. 2017년에 뜨리슈나 샤키야(Trishna Shakya)에게 쿠마리를 넘겨주고 일반인으로 돌아왔다. 그녀는 가장 최근에 은퇴한 로열 쿠마리다. 2022년 현재, 열여섯 살의 고등학교 1학년 학생이다. 네팔의 트리니티 칼리지(Trinity College)에서 컴퓨터 과학과 경영학을 공부하고 있다.

Q. 쿠마리는 언제 됐나요?

A. 제 기억으로는 세 살쯤이었던 것 같아요. 은퇴는 열두 살에 했고요.

Q. 쿠마리로 뽑힐 때의 기억이 있나요? 선발 과정을 보면 어린이가 감당하기 쉽지 않아 보여요.

A. 그때는 너무 어려서 잘 몰랐던 것 같아요. 아빠가 나를 업어서 데려간 기억밖에 없어요. 아마 너무 어려서 무엇을 했는지도

쿠마리 시절의 머띠나 샤키야. ⓒ PhotoKichuwa

잘 몰랐던 것 같아요. 딱히 무서웠던 기억은 없어요. 그냥 신기하다는 느낌 정도? 주변에 항상 누군가가 있어서 놀라거나 무섭지는 않았어요.

Q. 쿠마리로서 가장 좋았던 일과 잊고 싶은 일이 있다면요?

A. 솔직히 그렇게 나쁜 기억은 없어요. 사람들은 쿠마리 거르에서 쿠마리가 걸어 다니지도 못할 정도로 규칙이 엄하다고 생각하나 봐요. 그런데 전혀 그렇지 않아요. 쿠마리 거르에서는 마음대로 다닐 수 있어요. 쿠마리는 신이기 때문에 조심해야 할 것들도 많긴 하지만, 엄격하다고 느끼지는 않았어요. 저를 돌봐주시는 분들과는 부모와 자식 관계하고 비슷했어요. 쿠마리는 신이기 때문에 참석해야 하는 의식들이 좀 있기는 해요. 사람들이 와서 제 앞에서 절을 올리는 게 신기하기도 했고요. 저를 보러 온 사람들이 선물을 가져오는 것도 좋았어요. 가장 기억에 남는 건 인드라 자트라 때예요. 그때는 가마를 타고 시내를 구경할 수 있어서 재미있었거든요.

Q. 정말로 두르가 신과 이어져 있었다고 생각하나요? 나그 시커 (뱀 모양의 장신구)를 목에 걸면 사람이 바뀌는 것 같은 느낌이 들던데요.

A. 인드라 자트라 때 쿠마리 신의 의상을 입고서 화장을 하고 나그 시커를 하면 이상한 느낌이 들기는 했어요. 그때는 가마를 거의 7~8시간은 타거든요. 신기한 게 그 시간 동안 말을 거의

안 하게 되고, 배도 안 고파요. 화장실에 가고 싶은 생각도 안 들고요. (옆에서 듣고 있던 머띠나의 아버지는 "맞아, 우리도 같이 가마를 타고 다니는데, 쿠마리 신의 에너지를 받아서 그런지 화장실에 한 번도 간 적이 없어."라고 맞장구를 쳤다.)

Q. 쿠마리에서 은퇴했을 때는 어떤 생각이 들었나요? 아쉬웠나요, 아니면 후련했나요? 미래에 대한 걱정은 없었나요?

A. 지금 저는 쿠마리에서 은퇴한 뒤 일반인들과 마찬가지로 학교에 다니고 있어요. 그만두고 나서는 후련했던 부분도 있었어요. 쿠마리 거르에 있었을 때는 신으로서 지켜야 할 것들도 좀 있었는데, 지금은 눈치를 볼 필요가 없으니까요. 많이 편해졌죠. 하지만 일반인이 되고서는 모든 것을 새롭게 적응해야 해서 조금 걱정이 되기는 했어요. 그래도 미래에 대한 걱정은 하지 않았어요. 부모님도 그렇고 주변 사람들도 변함없이 잘해 주시는 데다, 지금은 공부도 하고 있고 앞으로는 하고 싶은 것들을 마음껏 할 수 있으니까요.

Q. 네팔에서 쿠마리 제도가 계속 필요하다고 생각하나요?

A. 사람은 어떤 일을 하든지 은퇴할 시기가 와요. 그러면 그 자리는 다른 사람이 채워 주죠. 쿠마리도 마찬가지라고 생각해요. 쿠마리는 저에게 운명처럼 주어진 일이었어요. 하고 싶다고 할 수 있는 것도 아니고요. 네팔에서는 쿠마리 신을 믿는 사람들이 많아요. 이런 사람들에게 힘이 될 수 있다면 쿠마리 제도

쿠마리 은퇴 후 평범한 삶을 살고 있는 머띠나 샤키야. ⓒ Pratap Man Shakya

를 굳이 없앨 필요는 없다고 생각해요. 그리고 쿠마리의 역사
도 깊어요. 네팔의 정체성을 보여 주는 문화 중 하나예요. 네팔
은 이런 문화와 역사를 보호할 필요가 있어요. 쿠마리 제도에
문제가 있다면 개선해서 이어 나가면 된다고 생각해요.

Q. 쿠마리였다는 게 자랑스러운가요?

A. 당연히 자랑스럽죠. 앞서 말했지만 누구나 할 수 있는 것도, 하
고 싶다고 할 수 있는 것도 아니에요. 쿠마리는 저한테 찾아온
기회이고 운명이라고 생각해요. 신이 되는 일인데 자부심을

지극히 사적인 네팔

느끼지 않을 이유가 없어요. 부모님도 자랑스러워하시고요.

Q. 쿠마리였던 당신을 보는 네팔 사회의 시선은 어떤가요? 평범하게 대해 주나요? 혹시 차별받은 경험은 없나요?

A. 그것은 쿠마리였던 사람들마다 다르게 느낄 수 있을 거 같아요. 네팔도 많이 바뀌고 있거든요. 저보다 앞서 쿠마리를 하셨던 분들하고 제가 받는 대우는 많이 다를 수 있을 거예요. 쿠마리 거르에서 지낼 때에는 보살핌을 많이 받았어요. 부모님도 자주 만날 수 있었고, 어린 나이에도 다른 아이들보다 내가 더 배려받고 있다는 걸 느낄 수 있었어요. 과외 수준으로 교육을 받았고 시험도 편하게 치렀어요. 일단 신으로 대우를 받다 보니 어른들이 저에게 화를 내거나 큰소리를 치지도 않았고요. 은퇴를 하기 1~2년 전부터는 제가 갈 학교를 정하고 제가 같이 공부하게 될 친구들과도 미리 만났어요. 적응하는 시간을 가졌던 셈이죠. 쿠마리에서 은퇴하고 나서는 평범하게 지내고 있어요. 차별받는 일은 없었던 것 같아요. 제가 못 느낀 것일지도 모르겠지만요. 그런데 가끔씩 밖에서 걷다 보면 사람들이 알아보고는 같이 사진을 찍어 달라고 하거나, 와서 인사를 하는 경우가 있어요. 이럴 때 친구들이 옆에 있으면 좀 부끄럽기는 해요. (웃음)

Q. 만약 딸을 낳았는데 쿠마리 후보가 된다면 딸도 쿠마리가 되기를 바랄까요?

A. 당연히 쿠마리가 되기를 바랄 거예요. 하지만 안 된다고 해서 실망할 일은 없을 거예요. 쿠마리는 자기 마음대로 할 수 있는 게 아니니까요. 만약 제가 결혼한 후 딸을 낳았는데, 딸이 쿠마리가 된다면 더 좋죠. 경험자로서 딸에게 도움을 줄 수 있을 테니까요. 그리고 내 딸이 쿠마리가 될 수 있을 때라면 지금보다 환경도 더 좋아지지 않을까요?

겁쟁이가 될 바에는

죽는 게 낫다

네팔 사람들이 자랑스럽게 생각하는 것 중 하나가 구르카다. 네팔의 독립을 지켜낸 전사들. 제2차 세계대전에서 영국군과 함께 나치를 물리친 군대. 세계 최고의 용병. 어쩌면 히말라야보다 더 자부심을 느끼게 하는 게 구르카일지 모르겠다. 대자연의 일부인 히말라야는 '우리 것'이라고 할 수 없지만 구르카는 네팔의 것이기 때문이다.

구르카 용병은 영국군에게 아주 중요한 부대다. 세계의 분쟁 지역에 영국군이 투입된다면 대부분 구르카 용병 부대도 함께 간다. '겁쟁이가 될 바에는 죽는 게 낫다.(Better to die than be a coward.)' 구르카 용병 부대를 한마디로 설명해 주는 모토다. 아프가니스탄에서 구르카 소총병대와 함께 근무한 적이 있던 영국의 해리 왕자는 "세상에 구르카 부대보다 안전한

왕립 구르카 소총병대 1대대 소속의 딥프라사드 뿐이
엘리자베스 2세 여왕으로부터 받은 용십자훈장을 들어 보이고 있다.
© Getty Images

곳은 없다."고 할 정도로 용맹하기로 유명하다. 2010년에는 딥프라사드 뿐(Dipprasad Pun) 하사가 큰 화제가 됐다. 왕립 구르카 소총병대 제1대대 소속이었던 그는 아프가니스탄에서 단신으로 30명의 탈레반을 물리쳤다. 만화에나 나올 법한 전공을 올린 뿐 하사는 엘리자베스 2세 여왕으로부터 용십자훈장(勇十字勳章, Conspicuous Gallantry Cross)을 받았다. 얼마 전 히말라야 14좌를 최단 시간 안에 올라간 님스 푸르자도 구르카 용병 출신이다.

구르카가 유명해진 건 네팔-영국 전쟁(1814~1816) 때부터다. 네팔 왕국을 만든 구르카 왕국과 영국 동인도회사와의 전쟁에서 구르카는 단연 돋보이는 전공을 올렸다. 게다가 당대 최강국이었던 영국을 막은 것이다. 네팔이 식민지로 전락하는 것을 막아냈다. 영국을 상대로 독립을 지켜낸 것은 네팔 사람들에게 큰 자부심이다. 영국 역시 큰 인상을 받아서 구르카 부대를 창설했다. 그 이후로 구르카 용병은 영국과 함께 전 세계의 전장을 누비게 됐다.

한국에서도 잘 알려진 것처럼, 네팔에서는 구르카 용병이 되기 위해 치열하게 경쟁한다. 영국 육군에 들어가면 큰돈을 벌 뿐 아니라 영국 정착도 쉬워지기 때문이다. 1년에 200명 남짓 뽑는데 지원자는 2~3만 명이다. 많을 때는 20만 명이 넘게 지원한 적이 있다고 한다.

1815년 당시 영국과 전쟁을 벌였던 구르카. ⓒ Wikipedia

그만큼 자격 조건도 까다롭다. 학력은 대졸 이상이어야 유리하다. 영어는 물론이고 수학이나 과학 지식도 필요하다. 가장 중요한 것은 체력이다. 체력 시험은 19세기부터 이어온 전통 방식을 그대로 유지하고 있다. 30킬로그램쯤 되는 지게처럼 생긴 바구니를 매고 3,000미터 높이의 산악 지역을 30분 안에 5킬로미터를 주파해야 한다. 시험이 어렵다 보니 학원도 생겼다. 한국의 입시 학원처럼 교과 공부를 시키고, 트레이닝도 하고, 면접 기술도 가르친다. 나이는 열일곱 살에서 스물한 살까지다. 스물한 살이 넘어가면 영국군에 들

지극히 사적인 네팔

어가는 건 포기하고 인도, 싱가포르나 브루나이 같은 곳으로 가기도 한다.

구르카 용병의 위상은 해외에 나갔을 때 더 크게 느껴진다. 나는 네팔에서 영국 육군 소속 구르카 부대의 배지를 기념품으로 사왔다. 로열 크라운에 쿠크리가 교차돼 있는 부대 마크다. 이걸 달고 말레이시아와 태국이 공동 개최한 방산 전시회에 참석했다. 나는 우리 회사의 낙하산을 팔러 간 것뿐인데 온갖 사람들이 "너 구르카 출신이야?" 하고 물었다. 말 그대로 전 세계 군인이나 군 관계자들이 구르카 용병을 인정하고 있었다. 순간 우쭐해져서 '나 구르카 용병이야'라고 해 볼까 생각했지만 그만두었다. 내 몸집이나 외모를 보면 금방 들통날 수밖에 없었기 때문이다. 이름도 켕겼다. 구르카라고 하면 딱 나오는 성씨가 있다. 이름 끝에 타파(Thapa), 구룽(Gurung), 뿐(Pun), 체트리(Chhetri), 터쿠리(Thakuri) 같은 성이 붙어 있으면 구르카다. 참고로 내가 한국에서 자주 가는 네팔 음식점 '에베레스트'의 사장님은 구룽이다. 네팔에 있었으면 쿠크리를 잡았을지 모르지만 한국에서는 식칼을 잡고 계신다.

구르카 용병의 기본 무장이자 부대의 상징은 쿠크리다. 구르카 부대는 지금도 네팔의 전통 무기인 쿠크리를 들고 전쟁터를 누빈다. 전투 중에 쿠크리를 뽑으면 피를 봐야 한다. 그

구르카 용병이 사용하는 칼, 쿠크리. ⓒ Getty Images

렇게 하지 못한다면 주인은 쿠크리를 칼집에 넣기 전에 자신을 베어야 한다고 했을 정도다. 쿠크리는 길이 50센티미터 정도의 휘어진 형태의 곡도다. 무게 중심이 칼 앞부분에 있어서 찌르기보다는 베는 데 특화된 칼이다. 사실 네팔에선 무기이자 일상에서 활용하는 도구이기도 하다. 결혼식 때 '난 상남자야'라는 걸 보여 주기 위해 쿠크리를 매고 입장하기도 한다. 악몽을 꿀 때는 베개 밑에 쿠크리를 놓고 자라고할 정도로 일상에 친숙한 도구다. 어디서든 군복을 입고 쿠크리를 차고 있는 사람이라면 구르카 민족 군인일 가능성이높다고 보면 된다.

지극히 사적인 네팔

용병이 될 것인가,
공화국의 군인이 될 것인가

네팔에서는 모든 사람들이 다 병역의 의무를 지고 군대에 간다는 개념이 없다. 나는 구르카가 멋있다고는 생각했지만, 군대에 가겠다는 생각 같은 건 해 본 적이 없다. 군인이 되는 것은 내가 할 일, 내 카스트가 아니기 때문이다. 나라를 지키는 것은 구르카 민족의 체트리가 할 일이다. 즉, 국방과 안보는 내가 신경 쓸 일이 아니라는 거다. 네팔은 구르카 민족이 지키는 나라다. 다른 민족 사람들은 군인이 되고 싶어도 복무를 할 수 없다. 네팔이 왕국이었을 때부터 쭉 그래 왔다.

네팔에 있을 때는 구르카가 자랑스러웠다. 세계에서 가장 용맹한 군인들. 네팔이 만들어내고 수출한 최고의 상품이 구르카다. 그러나 지금은 조금 다르게 보이기 시작한다. 구르카 사람들의 첫 번째 목표는 영국군에 들어가는 거다. 영국군에 들어가지 못하면 인도나 싱가포르 같은 나라에 가서 서비스를 제공한다. 마지막 단계가 네팔 군대다. 처우가 좋은 순으로 가는 것이다. 가장 뛰어난 군인들이 우리나라가 아니라 다른 나라를 지키고 있다.

네팔은 안보나 국방이라는 개념이 없다. 인접국인 인도와의 관계는 어찌 보면 한국과 중국과의 관계와 비슷할 것이

네팔 군대에는 구르카 민족만 입대할 수 있다. ⓒ Getty Images

다. 그러나 육로로 14억 인구의 국가가 붙어 있다는 점이 다르다. 네팔과 인도는 국력 차이가 너무 큰데다가, 네팔에는 인도의 군사적 침입을 저지할 만한 지리적 이점도 없다. 인도를 상대로 전쟁을 치르거나 큰소리를 내는 게 현실적으로 불가능하다. 사실상 자주 국방은 불가능하다. 왕국이었던 시절에는 '로열 아미'라는 이름으로 상징적인 명예라도 주어졌지만, 공화국으로 바뀐 지금 네팔군은 복무했을 때 이점이 별로 없는 계륵 같은 존재가 됐다.

공화국이 됐고 카스트 제도도 공식적으로 폐지된 이상 네팔군에는 구르카가 아닌 다른 민족도 들어갈 수 있어야 한다고 생각한다. 그러나 여전히 네팔군에는 구르카만 들어갈 수 있다. 시대가 변했지만 여전히 네팔은 왕국 시대의 질서와 카스트가 지배하고 있다.

마오이스트 혁명이 일어났을 때, 혁명군에는 구르카가 아닌 다른 민족 출신 전사들이 있었다. 그들은 구르카로 이뤄진 로열 아미와 싸웠고 승리했다. 카스트를 버리고 자신의 모든 것을 바쳐 혁명을 이끌었는데, 막상 혁명이 끝난 후 마오이스트 전사들은 더 이상 갈 곳이 없어졌다. 네팔군에는 지금도 구르카가 아닌 민족으로 구성된 부대가 없다. 혁명을 수행한 사람들조차 버려진 것이다.

이런 모순은 군대에만 있는 게 아니다. 혁명을 수행했던 사람들 중 브라민 계급의 카스트가 아닌 사람들은 능력이 아무리 뛰어나도 결국 정치 참여를 할 수 없었다. 네팔은 다민족 국가다. 하나의 민족만이 나라를 지킨다는 것은, 왕정 시절이면 몰라도 지금은 말이 안 되는 제도라고 생각한다. 네팔은 공화국이 됐지만 본질은 왕정 시절과 크게 변하지 않았다.

지극히 사적인 네팔

수백 송이로 묶은
꽃목걸이

네팔은 세계에서 가장 어린 나라다. 나이가 아니라 공화국으로서의 역사가 짧다는 말이다. 왕정이 폐지된 해가 2007년이다. 2008년에야 정식으로 공화국이 됐다. 민주주의의 역사가 깊은 나라의 기준으로 보면, 네팔은 이상하고 뒤떨어진 나라로 보일 것이다. 하지만 첫술에 배부를 수는 없는 법이다. 이제야 민주주의를 시작한 나라가 성숙한 모습을 보여줄 수는 없다. 네팔에서 민주주의가 정착되는 과정을 실시간으로 살펴본다면, 민주주의의 소중함을 더욱 잘 느낄 수 있을 것이다.

네팔이 민주주의를, 또는 공화정을 만들기 어려운 이유를 살펴볼 때, 아주 좋은 자료가 네팔의 국가(國歌)다. 국가에는 나라의 이상과 이념을 담는다. 왕정일 때와 공화정이 된 이

후의 네팔 국가는 다르다. 당연하게도 왕정일 때와 공화정이
된 이후 국가(國歌)에서 그리는 나라의 이미지도 달라졌다.

나는 어렸을 때 이런 국가를 불렀다.

> 우리의 빛나고 심오하며 놀랍고 영광스러운 통치자시여
> 그가 앞으로 만세토록 사시기를
> 그의 백성이 늘어나기를
> 모든 네팔인이여, 기쁨으로 송축하라

왕정다운 국가(國歌)다. 국왕이 건강하고 그의 치세가 영
원하기를 노래한다. 이 노래를 서너 살 때부터 매일매일 불
렀다. 대통령을 뽑고 나서도 문제가 있다고 생각되면 끌어
내리는 한국 같은 나라에서 보면 도저히 이해할 수 없는 노
래일 것이다. 하지만 태어날 때부터 이런 노래를 부르면 비
판적으로 내용을 해석하기 어렵다. 마오이스트 혁명이 성
공하고 왕정이 폐지된 뒤에 가장 먼저 한 일이 국가(國歌)를
바꾸는 일이었다. 새로운 국가에는 네팔이라는 나라가 더 이
상 왕정이 아니라는 것을 담고, 함께 화합해야 한다는 것을
알려야 했다.

네팔이 공화정으로 바뀌는 과정은 결코 평화롭지 않았다.
화해하고 상처를 치유해야 했다. 네팔의 마오이스트 혁명은

2006년 네팔 마오이스트 혁명기에 충돌한 시위대와 경찰. © Wikipedia

1만 5,000명 이상의 사망자가 나온 유혈 혁명이었다. 다치거 나 희생된 사람은 훨씬 많다. 네팔에 남긴 상흔도 만만치 않 다. 히말라야에 관광하러 온 사람들은 거의 몰랐겠지만, 네팔 은 삶의 의미를 찾고 명상을 하러 오기에는 시끄러운 나라였 다. 2000년대 중후반에 네팔의 고산 지대를 트레킹해 본 사 람이라면 마오이스트 반군을 만난 적이 있을지도 모른다. 그들이 생각보다 '신사적'이었기 때문에 알려지지 않았을 뿐이다.

영국인 저널리스트 알렉스 마셜이 쓴《국가로 듣는 세계사》

에는 마오이스트 반군이 어떤 사람들이었는지 알려 주는 에피소드가 있다. 영국인 관광객 부부가 야영을 하고 있는데, 반군이 와서 "돈을 가져가도 될까요?", "카메라를 가져가도 될까요?" 하고 물었다. 관광객 부부가 "안 되는데요."라고 하자 순박한 반군은 약간의 식량과 의약품만 가져갔다. 그러고는 "우리가 어떻게 하면 이런 일을 잘할 수 있을까요?" 하고 묻기까지 했다는 이야기다. 저자가 언급한 에피소드와 비슷한 사례가 네팔에서 많이 회자된다. 그만큼 순수하고 순박한 사람들이 혁명에 참여했다. 당시에 한국에서 네팔로 등산하러 온 사람들도 반군과 맞닥뜨린 경우가 있었을 것이다. 말이 잘 안 통하니 어쩌면 통행료나 입장료를 내라는 말로 알아들었을지도 모르겠다.

　네팔은 모순이 많은 나라였다. 재능이 있어도 카스트에 막혀서 재능을 마음껏 발휘할 수 없었다. 라나 가문은 지금도 정치를 좌지우지한다. 조선 말기 외척 가문이 지금도 국회 한구석에서 권력을 휘두르는 것과 마찬가지다. 다른 나라는 하루가 다르게 발전하는 게 보이는데, 기득권은 인도의 눈치만 보고 국민들의 삶은 외면했다. 이런 모순들이 쌓이고 터진 게 마오이스트 혁명이다. 이 마오이스트 혁명 대열에 카스트와 상관없이 다양한 사람들이 참여했다. 불가촉천민인 사람들도 있었다. 카스트가 아닌 능력으로 자신을 증명할 수 있는 평등한 집단이었다. 당연히 많은 사람들의 지지를 얻었고, 그 지지는 소외된 산악 지역을 근거지로 해서 카트만두를 향해 뻗어 나갔다.

마오이스트 활동가들은 순박했다. 조직 활동을 하려면 어쩔 수 없이 자금 조달을 해야 했는데, 그 방법이 참으로 네팔 사람다웠다. 활동가들은 카트만두에서도 활동하며 자금을 모았다. 당당하게 가가호호 방문해서 활동 자금을 달라고 했다. 반군이 수도인 카트만두에서 일종의 수금을 하러 다닌 거다. 자금을 조달하라곤 하는데, 어떻게 해야 할지 모르니 그냥 돌아다니면서 "우리는 마오이스트인데 기부금 좀 주세요." 이렇게 한 거다. 심지어 자기들이 기부액을 정해 놓고 돌아다녔다. 우리 집에는 100만 원, 옆집은 50만 원 하는 식이었다. 기준은 없었다. 그냥 "당신 집을 보니 그 정도는 낼 수 있을 거 같아서요."라고 했다. 사람들은 마오이스트가 방문한 뒤에 모여서 서로 얼마씩 요구받았는지를 공유했다. 때로는 내가 옆집보다 잘사는데도 요구받은 금액이 더 낮아서 자존심이 살짝 상했다는 일도 있었다.

우리 아빠도 기부금을 달라는 통보를 받았다. 약 100만 원 정도 되는 돈이었다고 한다. 이 정도면 네팔에서는 정말 큰돈이다. 아빠는 장사꾼인 샤키야답게 흥정을 하기로 했다. 마오이스트 수금책들을 불러서 파티를 연 것이다. 밥이랑 술을 거하게 먹이고는 기부금을 깎기 시작했다. 100만 원에서 10만 원으로, 10만 원에서 5만 원으로. 깎고 깎아서 돈을 쥐어 주고 돌려보냈다. 수금책들은 돈을 잘 받았다는 영수증을 남기고 떠났다.

마오이스트 혁명은 네팔다운 방식으로 일어났고 기존 질서의 한계를 느끼고 있던 사람들의 지지를 받았다. 그 와중에 2001년에 일어난 왕실 테러[1]는 왕정이 더 이상 존속할 여지가 없다는 것을 보여 준 사건이었다. 그렇게 왕정은 사라지고 공화정이 태어났다. 새로 태어난 공화정은 카스트와 상관없이 모든 민족들이 화합하여 '영원히' 발전해야 할 나라였다. 더 이상 왕을 찬양하는 국가(國歌)가 설 자리는 없었다.

---

1   2001년 6월 1일 카트만두 왕궁에서 열린 왕족 연회에서 황태자인 디펜드라가 아버지인 비렌드라 왕을 비롯해, 엄마, 삼촌, 숙모, 여동생, 그리고 손님들을 총으로 쏘아 죽이고, 스스로 목숨을 끊었다. 이 사건을 두고 황태자의 정신병, 약물 복용 등의 이야기가 나돌았으나 여전히 어느 누구도 그날 사건의 원인에 대해 뚜렷하게 설명하지 못하고 있다.

서로 다른 네팔에서
태어난 사람들

수백 송이의 꽃

수백 송이 꽃으로 만들어진,

우리는 네팔이라는 하나의 꽃목걸이.

메치부터 마하칼리까지

펼쳐진 주권국이여

끝없이 펼쳐진

풍요로운 자연의 놀이터

영웅들의 피로 확고하고 자유롭네.

앎의 땅, 평화의 땅, 평원 (떠라이),

언덕 (빠하드), 산 (히말러)이여

온전하고 사랑스러운

우리의 모국 네팔,

다양한 민족, 언어, 종교, 문화가 거대한

우리의 진보하는 나라 네팔,

찬미하라! 찬미하라! *

★ QR 코드를 스캔하면 네팔 국가를 들을 수 있습니다.

꽃목걸이를 파는 네팔 아주머니. ⓒ Getty Images

'수백 송이의 꽃'은 네팔을 이루는 여러 민족을 의미한다. 번역이 어렵긴 한데, 여기서 수백 송이의 꽃은 사실 네팔의 '말라'라는 꽃목걸이를 의미한다. 여러 꽃들이 하나로 묶여 있는 꽃목걸이다. 신에게 바치거나 손님들이 왔을 때 걸어 주는 꽃목걸이다. 네팔이라는 나라의 정체성을 설명하기에 딱 맞는 개념이다. 수많은 민족들이 하나의 꽃목걸이로 묶인 것처럼 화합해야 한다는 의미다.

주권은 왕이 아닌 국민에게 있고, 우리의 영토는 아름다우며, 영원히 자랑스럽게 이어질 것이라는 메시지는 왕정 시대의 국가와는 차원이 달랐다. 나는 새로운 국가를 한국에 와서 처음 들었다. 나름 자랑스러웠다. 하지만 실제로 부르는 것은 다른 문제였다. 새 네팔 국가는 목가적 느낌과 네팔 전통 가락을 살린 아름다운 노래다. 네팔 국기처럼 참으로 독특한 노래다. 그렇지만 머리에는 잘 들어오지 않았다. 20년 동안 내가 매일 불렀던 국가는 왕을 찬양하는 노래였다. 머릿속에서 쉽게 지워지지 않았다. 만약 한국의 애국가가 갑자기 다른 노래로 바뀐다면 사람들이 쉽게 따라 부를 수 있을까.

20대인 나만 해도 새로운 국가에 적응하기 어려웠는데, 나보다 연세가 많은 어르신들은 어떨까. 우리는 왕이 다스리는 나라에서 태어났는데 지금은 공화국에서 산다. 지금 태어나는 아이들은 왕정 자체를 모른다. 나이에 따라 태어난 나라가 다른 셈이다. 당연히 갈등이 생길 수밖에 없다. 알게 모르게 사회에는 충격이 쌓이고 있다.

따지고 보면 한국 사람들도 세대에 따라 다른 나라에서 태어난 셈이다. 50대 이상 어르신들이 태어난 한국과 30대가 태어난 한국, 10대가 태어난 한국은 완전히 다른 나라다. 개발 도상국에서 중진국, 지금은 선진국이다. 다른 나라에서 태어난 사람들이 모여 있는데 갈등이 없는 게 오히려 이상하다.

나는 국가를 바꾸는 것만으로도 적지 않은 충격을 받은 사람들을 봤다. 그들이 새로운 사회에 바로 적응하지 못하는 건 너무도 당연한 일이다. 서로 어떻게 이해하면 좋을지 고민해야 할 문제를 두고 배척하고 욕하는 건 갈등을 키울 뿐 어떤 해결책도 될 수 없다.

나는 네팔의 새로운 국가가 좋다. 그러나 네팔의 현실은 국가의 가사가 지향하는 것과는 정반대다. 기득권 세력은 교체되지 않았다. 여전히 브라민이 권력의 핵심을 차지하고 있다. 마오이스트 혁명에 참여한 불가촉천민들은 어디로 갔는지 모르게 사라졌다. 지금은 오히려 선출직 정치인이라는 카스트가 새로 생겼다는 말이 나올 정도다. 한번 정치권에 들어가면 나오지 않는다. 환경부 장관을 했다가 외교부 장관을 하는 식으로 자기들끼리 돌고 돈다. 정당은 파벌 싸움만 한다.

나는 한 번도 투표를 해 본 적이 없다. 해외에 거주하고 있

지극히 사적인 네팔

기 때문이다. 대사관은 재외 국민 투표에는 관심이 없다. 기득권을 유지하는 데 불리하다고 생각해서다. 2008년 공화정이 만들어질 때쯤 많은 네팔 젊은이들이 해외로 나갔다. 국내 정세가 워낙 불안하니 인력부터 유출된 것이다. 나도 그때 한국으로 왔다. 고등학교 때 같은 반이었던 친구들 40명 중 30명이 해외로 나왔다. 우리들은 외국에 나와서 민주주의를 배웠다. 자연스럽게 네팔의 정치 상황을 비판적으로 볼 수밖에 없다. 네팔은 우리 세대가 정치에 참여하는 것을 경계하고 있다. 국가(國歌)는 바뀌었지만 네팔은 아직 영원히 번창할 꽃을 피우지 못했다.

네팔인들이
인천 아시안 게임을
사랑한 이유

네팔에 다녀올 때마다 선물 때문에 고민이다. 가격, 부피, 수량 등을 조합해서 적절한 기념품을 고르자면 머리가 복잡해진다. 나는 한 아이템 덕분에 이런 고민을 꽤 덜어낼 수 있었다. 네팔 국기 모양의 키링이다. 이 기념품을 받은 사람들 중에 싫어하는 사람을 못 봤다. 물론 마음에 든다는 게 립 서비스일 수도 있다. 이게 별로라고 생각하는 사람이라면 나에게 무엇을 받아도 만족하지 못할 테니 패스.

네팔 사람들에게 국기는 아주 특별한 상징이다. 아는 사람은 다 알겠지만 무엇보다도 세계에서 가장 독특한 모양의 국기다. 다른 나라 국기는 모두 사각형인데 우리나라만 삼각형이다. 삼각형이 하나도 아니고 두 개다. 한 번 보면 누구나 기억할 수밖에 없다. 우리도 우리 국기가 특별하다는 것을 아주 잘 알고 있다. 그래서 네팔 사람들에게 국기 이야기를 하면 좋아한다.

네팔 국기는 두 개의 삼각형이 2층으로 쌓여 있는 형태다. 위쪽 삼각형보다 아래 삼각형이 3대 4의 비율로 더 크다. 바탕색은 빨강. 테두리는 파랑. 깃발 안쪽의 달과 해 모양은 흰색이다. 얼핏 단순하게 보일 수 있지만 그리기에 편한 국기는 아니다. 온갖 기하학적인 방법을 사용해서 그려야 한다. 그 방법이 아주 엄격하다. 헌법에 국기 그리는 법이 실려 있을 정도다.

나는 학교에서 네팔 국기를 그리는 방법을 배우지 않았다. 아니 배우지 못했다. 사실 국기 그리는 법을 가르칠 수 있는 사람이 없어서 가르치지도 배우지도 못했다는 게 더 정확하다. 네팔은 1962년에 헌법을 개정하면서 국기 그리는 법을 신설해서 넣었다. 국기를 그리는 과정을 모두 수학적으로 표현했다. 알파벳을 a부터 w까지 23개를 썼다. 국기 하나 그리는 데 필요한 변수가 23개라는 거다. 아마도 컴퍼스와 자 하나만 있으면 기하학적으로 그릴 수 있는 방법을 수학적으로 표현한 것 같은데, 보고 있으면 눈이 어지럽다. 우리 국기가 과학적이라는 것을 보여 주기 위해서 헌법에 넣었지만, 그 덕분에 우리는 국기를 그릴 엄두도 내지 못하게 됐다. 심지어 수학에서 가장 많이 사용하는 변수 x, y, z는 빼고 만든, 수

네팔 국기는 단순해 보이지만 그리기가 쉽지 않다. ⓒ PhotoKhichuwa

학적인 국기 그리는 법이라니 아이러니하다. 새로운 국기 그리는 법은 라나 왕조가 무너진 후 라나 시절의 모든 것들을 다 엎어 버리는 과정에서 나왔다. 네팔 사람들 모두 같은 모양의 국기를 사용하자며 의욕적으로 법까지 제정했지만, 정작 제대로 그릴 수 있는 사람은 거의 없게 됐다.

그래서 머리 복잡한 네팔 국기 그리는 법은 알려 줄 수 없다. 나도 모른다. 공부를 해 볼까 했는데 모르겠다. 그래도 국기에 관한 이야기는 조금 해 보려고 한다. 사실 네팔 사람들은 네팔 국기의 기원이나 역사를 잘 모른다. 네팔 역사도 잘 모르는데 국기의 역사나 이야기까지 알 수 있을까. 나도 마찬가지였다. 한국에 오기 전까지는 관심도 없었다. 그저 올림픽이나 아시안 게임 입장식에 등장할 때 주변 사람들과 함께 자랑스러워하는 정도였다. 조금 자괴감이 드는 이야기지만, 선수들이 열심히 운동해서 메달을 따지 못해도 국기만 비춰지면 나름 국위 선양이 된다고 생각하는 사람들도 많다.

네팔 사람으로서 나는 한국에서 아시안 게임이나 올림픽 같은 국제 대회를 자주 유치하면 좋겠다는 생각을 한다. 한국 사람들은 잘 기억나지 않을지도 모르지만 한국에서 국제 대회를 유치하면 한글순으로 입장한다. 올림픽 개최식에서는 발상지인 그리스가 처음이고 그다음이 가나, 네팔이 입장한다. 아시안게임을 하면 'ㄱ'으로 시작하는 나라가 없다. 네팔이 처음으로 입장한다. 처음 입장하는 것으로도 주목을 끄는데 국기까지 독특하니 네팔 사람으로서는 뿌듯해진다.

만약 네팔이 메달을 따게 되면 국기를 눕혀서 올려야 한다. 현행 시상식에서는 지지대 아래에 국기를 매다는 형태로 국기를 게양해야 한다. 현재 네팔 국기의 형태는 정상적인 게양이 불가능하다. 이런 이유로 네팔에서도 국기 모양을 사각형으로 바꾸고 그 안에 현재 국기 모양만 그려 넣는 방안이 논의되기도 했다. 물론 그런 의견은 바로 묻혔다. 스포츠 대회에서 국기 게양이 어렵다는 이유로 세상에서 가장 독특한 우리 국기를 바꾸는 건 누구도 원하는 일이 아니었으니까.

네팔 그 자체를 담은
국기 이야기

네팔 국기가 언제부터 생겨났는지는 모른다. 네팔 역사처럼 정확한 기록이 없다. 현재와 같은 네팔 국기를 공식적으로 사용하기 시작한 것은 언제나 나오는 그 이름, 프리트비 나라얀 샤하 왕 때의 일이다. 네팔 왕국을 통일하면서 정식 국기로 채택했다. 그 전에도 네팔 어딘가에서 지금과 같은 국

시바   육망성   샤크티

기를 썼는지는 알 수 없다. 다만 네팔에서 삼각형 두 개를 이은 모양의 깃발은 흔했던 것 같다. 지금도 사원 같은 곳에 가면 사원의 상징으로 네팔 국기와 비슷한 모양의 깃발이 달려 있는 것을 쉽게 찾아볼 수 있다.

삼각형 두 개가 위아래로 놓여 있는 모양새에 대해서는 해석이 분분하다. 가장 그럴듯한 의미가 부여된 해석은 힌두교와 관련이 있다. 힌두교의 상징 중에는 수행을 돕는 만다라, 얀트라 같은 도형이 있다. 이 도형들의 중심에는 육망성(Shatkona)이 그려져 있는데, 육망성은 두 개의 삼각형을 겹치면 만들어진다. 위쪽을 향하는 삼각형은 시바, 아래쪽은 샤크티를 의미한다. 파괴의 신 시바와 여성적 창조력을 의미하는 샤크티의 조화다.

다른 의미도 있다. 그림에서 물, 불, 바람, 흙 4대 원소 중 위쪽을 향한 1번 삼각형은 불, 아래를 향한 2번 삼각형은 물의 원소로 보기도 한다. 위를 향한 삼각형은 불이 위로 타오르는 모습, 아래를 향한 삼각형은 물이 아래로 흐르는 것을 상징한다. 강이 흐르고 해가 뜨면 물이 증발되어 공기 중으로 흩어지고, 다시 땅으로 내리는 순환이 일어난다. 이 과정에서 자연이 만들어지고 동식물이 자란다. 혹은 위쪽은 남성, 아래쪽은 여성의 상징으로 보기도 한다. 어떤 방향으로 생각하든 음양의 조화, 파괴와 창조의 순환이라는 의미를 담고 있다.

이 삼각형 두 개를 위아래로 배치한 게 네팔의 국기다. 육망성을 풀어 2번 삼각형을 위로 올리고 1번 삼각형을 아래로 내렸다. 위쪽 삼각형에는 달 모양이, 아래쪽에는 해 모양이 그려져 있다. 물은 달을, 불은 해를 상징하므로 알아보기 쉽다. 원래 국기 안에 그려진 해와 달은 사람 얼굴 모양이었다. 1962년 헌법에 실리면서 얼굴 모양은 사라졌다. 국기를 현대화한다는 명목도 있었지만, 사람의 얼굴 모양이 특정한 신을 연상시킬 수 있어서 삭제했다는 말도 있다. 네팔은 다민족, 다신교 국가다. 국기 하나를 만들고 정비할 때도 고려할 게 많다.

여기까지는 네팔 국기에 부여된, 어찌 보면 만들어진 의미라고 보면 된다. 처음부터 누가 왜 어떤 목적으로 만들었는지도 모르는 국기에 처음부터 이런저런 의미가 부여돼 있었다

네팔 사람에게
"네팔 국기가 산을 닮았어요"라고
말하면 고개를 끄덕일 것이다.
ⓒ Getty Images

고 하는 건 조금 낯간지러운 일이다. 사실 네팔 사람들 입장에서는 종교적인 해석이 딱히 편하지는 않다. 힌두교를 믿는다고 해도 모두가 힌두교 교리에 익숙한 건 아니라서다. 우리는 힌두교라는 종교가 아니라 자연과 우리 안의 신을 믿는다. 자연과 이 세상에 존재하는 것들이 다 신이고, 자연과 함께하는 우리의 생활이 종교다.

네팔 사람에게 국기는 우리 산을 닮은 자랑스러운 상징이라고 하는 게 가장 자연스러울 것이다. 네팔 사람에게 "당신들 국기는 당신네 산 모양 같아요"라고 하면 부정하는 사람이 거의 없다. 다들 웃으면서 맞는 말이라며 맞장구칠 것이다. 실제로 카트만두에서 보면 히말라야 위로 해와 달이 왔다 갔다 한다. 단순화하면 국기 모양이 된다. 해와 달은 그것이 존속하는 한 네팔이 영속할 것이라는 뜻이다. 즉, 네팔은 영원하다는 말과 같다.

국기의 바탕에 깔린 빨강은 피를 의미한다. 피는 곧 용맹함이다. 네팔은 식민 지배를 받지 않은 나라다. 나름 자부심이 크다. 식민 지배를 받지 않은 덕분에 지금의 국기를 유지할 수 있었을지도 모른다. 파랑은 평화다. 126개의 민족으로 이뤄진 나라에서 화합은 매우 중요한 가치다.

네팔 국기가 네팔의 기후를 표현한다고 생각하는 사람도 있다. 빨강 혹은 태양 마크는 네팔 남부 저지대의 뜨거운 지역, 파랑 혹은 달 마크는 북부 히말라야 고지대의 서늘한 기후를 상징한다는 것이다. 모두 그럴 듯하다 싶은 해석이다. 실제로 네팔 사람들한테 이야기하면 고개를 끄덕인다. "그런 것 같기도 하네. 재미있구만." 이런 반응이 돌아올 것이다. 네팔 사람들도 국기에 대해 잘 몰라서 나오는 반응이기도 하고 누군가가 우리 국기에 관심을 가져 주는 게 반가워서 나오는 반응이기도 하다.

한국에서 본 일월오봉도는 은근히 네팔 국기와 비슷하다. 처음에는 만 원짜리 지폐나 아는 사람의 집에서 봤는데, 한국에 거주하는 기간이 길어지면서 그림의 의미를 조금은 이

19세기 후반에 제작된 것으로 추정되는 일월오봉도.
하늘과 땅, 물, 해, 달, 산 나무 등은 오행(五行)으로부터 나온
팔괘(八卦)를 형상화한 것이다. ⓒ 국립중앙박물관

해할 수 있을 것 같다. 일월오봉도는 해와 달, 산이 한꺼번에 그려져 있다. 해와 달과 땅의 조합은 네팔 국기를 떠오르게 한다. 해와 달의 순환은 하루를 만들고 또 세상을 밝혀 준다. 따라서 둘이 잘 순환해야 우주도 잘 작동한다는 의미가 아닐까. 이 그림은 높은 사람 뒤에 세운다고 하는데, 해와 달이 세상을 비추듯 온 국민과 만물을 덕으로 비춰 다스리라는 뜻을 담았을 것이다. 안타깝게도 이런 지도자를 찾기는 어렵다. 특히 네팔에서는 더욱 그렇다. 정치인들 눈앞에 네팔 국기를 걸고 일월오봉도를 뒤에 놓으면 조금 더 나아질 수 있을까.

나는 네팔 국기가 감사하다. 이런 모양과 이야깃거리를 가지고 있어서 감사하다. 해외에서 누군가를 만났을 때 네팔 국기 이야기를 하면 편하게 말을 붙일 수 있다. "저 네팔에서 왔어요. 그 국기 모양 특이한 나라 있잖아요." 하면 십중팔구는 우리 국기를 떠올린다. 이런 건 네팔 사람만의 특권이다. 게다가 국기에 담긴 의미가 확실히 정해져 있지 않아서 할 이야기가 더욱 많다. 종교와 관련해서 이야기할 수도 있고, 지리적 특성과 관련해서 이야기할 수도 있다. 역사로 풀어낼 수도 있다. 때로는 각 민족마다 국기의 의미를 다르게 해석해서 이야기할 수도 있다. 네팔의 국기는 그만큼 네팔이라는 나라를 잘 담아내고 있는 상징이다.

만약 네팔에 가게 된다면 네팔 사람에게 국기를 소재로 말을 붙여 보길 권한다. 만난 사람이 셰르파라면 네팔 국기가 산과 닮았다고 이야기해 주길 바란다. 불교를 믿는 사람이라면 국기의 해와 달이 순환하는 하루, 행복과 슬픔이 교차하는 인생을 표현하는 것 같다고 해 보자. 어느새 당신의 삶과 인생에 대한 이야기를 하고 있을지도 모른다.

섞이지 않지만
밀어내지도 않는 사람들

외국인은 어느 나라에 살든 난감한 일을 겪을 때가 많다. 대부분은 문화 차이로 인한 오해나 해프닝이다. 나도 문화 차이 때문에 낭패를 본 적이 있었다. 한국에서 대학을 다닐 때 우리 과에는 외국인이 나밖에 없었다. 교수님은 내가 혹시 불편하거나 학업에 어려움을 겪을까봐 늘 나를 챙겨 주셨다. 수업이 끝나면 항상 나에게 "수잔, 오늘 내용 이해가 가냐?" 하고 물어보시곤 했다. 나는 마음속으로 감사를 담아 웃으면서 알겠다는 몸짓을 했다. 그런데 어느 날부터 수업 시간에 나를 무시하시더니 수업이 끝나고도 그냥 홱 가버리시는 거다. 나는 마음이 불안해져서 교수님을 찾아가서 내가 실수한 게 있는지 여쭈었다. 교수님은 단단히 화가 나신 상태였다.

"수잔 너 이 자식, 수업 끝나고 물어보면 실실 웃으면서 고개를 도리도리 흔들고 말이야. 너 지금 나 놀리는 거니?"

나는 깜짝 놀랐다. 순간 뒤통수를 세게 한 대 맞은 느낌이었다. 내가 교수님한테 웃으면서 고개를 좌우로 흔든 건 맞다. 네와르족에서 이 제스처는 '알겠습니다'라는 긍정의 의미다. 그래서 아무 생각 없이 네팔에서 하던 버릇대로 도리도리 고개를 흔들었던 거다. 사실 도리도리보다는 좌우로 까딱거리는 몸짓에 가깝다. 어깨에 힘을 빼고 고개를 좌우로 리드미컬하게 까딱거리면 '오케이'라는 말이 된다. 이게 교수님이 보실 때는 실실 웃으면서 '모르겠는데요?'라고 놀리는 것처럼 보였나 보다. (나중에 알게 됐지만 한국 사람들한테 이 제스처를 보여 주면 속에서 뭔가가 끓어오른다고 한다. 놀리는 것 같은데 정색하면 바보가 될 것 같은 느낌이라고 하니 기회가 되면 익혀 보시길 바란다.) 나는 교수님께 바로 사과드리고 자초지종을 말씀드렸다.

그런데 한 나라에서 오랫동안 살다 보면 이 난감함의 결이 달라진다. 문화 차이는 익숙해졌고, 주변 사람들도 나를 잘 알게 되니 부딪힐 일도 없다. 그때부터는 모국에 대한 질문을 받을 때 머리가 아파진다. 나름 한국말도 어느 정도 하게 됐으니 한국 사람들의 호기심에도 부응하고 싶은데 막상 이야기하려고 하면 자꾸 막힌다. 그래서 뜬금없이 외국에서 모국에 대한 공부를 하게 된다. 한국이 좋기 때문에 네팔과 한국이 서로 더 잘 알고 친해지면 좋겠다는 생각에서다.

나는 그래도 운이 좋다고 생각한다. '콩고 왕자' 조나단은 방송 일로 만나면 "콩고 음식 얘기는 하지 마요. 형."이라며 하소연한다. 광주에서 자란 친구가 콩고 음식을 어찌 알까. "비빔밥도 너무 많이 먹어서 질렸어요." 하는 절규는 덤이다. 전라도 사람은 오히려 평소에 비빔밥을 잘 안 먹는데 왜 비빔밥 얘기만 하냐는 거다. 그러고는 자기가 가장 좋아하는 한국 음식은 고구마 피자인데, 왜 한국 사람들은 고구마 피자를 한국 음식으로 인정하지 않는지 모르겠다며 울분을 토한다. 생각해 보니 고구마 피자는 훌륭한 한국 음식이 맞는 거 같다. 아무튼 나는 콩고를 모르는 '콩고 왕자'보다는 상황이 훨씬 낫다. 고등학교를 졸업할 때까지는 네팔에서 나고 자랐으니 아는 것도 많고, 할 말이 넘친다.

　한국에 10년 정도 살면서 이런 자신감은 사라졌다. 나는 이미 한국 사람과 비슷하게 생각하고 행동하게 됐다. 네팔에 있을 때는 몰랐던 네팔에 대해서도 알게 됐고, 몰랐던 것들이 얼마나 많은지도 깨달았다. 처음 한국에 왔을 때 사람들은 나한테서 냄새가 난다고 했다. 나는 그게 무슨 말인지 전혀 몰랐다. 지금은 나도 네팔 사람들에게서 한국 사람들이 나한테 맡았던 냄새를 맡는다. 먹고 입고 씻고 자는 방법이 달라지니 이렇다. 사고방식도 한국 사람들이랑 비슷해지는 것을 느낀다. 그러면서 한국에 대한 애국심 비슷한 것을 체험할 때도 있다. 서양권에서 한국에 온 외국인 중에는 한국 말을 거의 못하는 사람이 많다. 20년 넘게 살았다는데 한국 말을 한마디도 못하는 경우도 봤다. 이해할 수 없다. 그 정도 살았으면 한국말로 최소한의 의사소통 정도는 할 수 있어야 한다. 그게 예의다.

지금은 당당하게 한국을 잘 안다고 얘기하지만, 처음 왔을 때는 적응하기 어려웠다. 그때의 기억을 더듬어 보면 네팔과 한국의 차이, 네팔 사람과 한국 사람의 차이를 보여 주는 데 도움이 될 것 같다.

한국에 처음 왔을 때 놀란 첫 번째는 날씨다. 여름엔 습하면서 덥고, 겨울엔 살이 패이는 것처럼 춥다. 첫 겨울을 날 때는 한국의 혹독한 추위 때문에 네팔로 돌아갈 뻔했다. 인천 공항에 도착한 날 난생 처음 눈 내리는 걸 직접 봤다. 카트만두는 겨울에도 기온이 거의 영상을 유지한다. 인도에 근접한 네팔의 남부 지방에서는 10도 이하의 기온을 보기 어렵다. 네팔에서 일하러 온 사람들이 추위를 많이 타는 건 나약하거나 엄살을 부려서가 아니라 정말 추워서 그런 거다.

네팔 사람들이 한국에 와서 적응하기 어려운 것 중 하나는 휴일이다. 네팔은 축제의 나라다. 더샤인(Dashain)이라는 한국의 추석 비슷한 축제는 앞뒤에 붙은 축제를 합치면 거의 한 달 동안 열린다. 은행이나 관공서 같은 곳은 다 쉰다. 음

거의 한 달 동안 지속되는 더사인 축제. ⓒ Getty Imgaes

식점이나 시장 같은 곳은 열지만 나라 전체가 휴일이라고 보면 된다. 이런 축제가 1년 내내 이어진다. 축제 한 번에 한 달을 쉬는 사람들이 한국에 오면 숨 막힐 정도로 휴일이 없는 것처럼 느껴진다. 네팔에서 막 한국에 온 사람들과 이야기해보면 그야말로 '멘털이 털린다'는 말이 들린다. 하루, 일주일, 한 달, 일 년 단위로 업무 일정이 꽉 차서 돌아가는 경험을 해본 적이 없다. 그래서 필연적으로 네팔 사람들이 한국에 적응하기 전에는 게으르다는 평가를 듣기 십상이다.

나도 한국에서 네팔을 비롯한 남아시아권 사람들이 '게으르다'는 평가를 받는다는 것을 알고 있다. 여기에 대해서는 문화가 다르다는 말을 할 수밖에 없다. 다른 나라를 평가할수는 없지만, 적어도 네팔의 경우에는 게으르다기보다는 좀더 여유롭고 느긋하다는 표현이 더 적확하다고 생각한다. 게으르다는 것은 일을 하기 싫어한다는 의미다. 네팔에서도 일하기 싫어하는 게으른 사람은 환영받지 못한다. 하지만 어떤일을 목숨 걸고 한다는 개념 또한 희박하다. 기본적으로 나와 내 주변을 살피며 여유롭게 사는 방식이라고 봐야 한다. 이런 방식은 현대의 고도화된 자본주의 국가와는 맞지 않는다. 나도 알고 있다. 그러나 네팔의 여유로움이 '틀린' 방식은 아니라고 말하고 싶다.

네팔은 아직 발전 중인 나라다. 과거의 방식과 문화를 하

늦은 시간까지 문을 연 채소 가게. 네팔에서도 게으른 사람은 환영받지 못한다.

ⓒ Getty Images

루아침에 뒤엎을 수는 없다. 지금 네팔 사람들의 생활 방식은 오랜 기간 동안 만들어지면서 갈등을 최소화하도록 진화한 것이다. 네팔에서는 직업 선택의 자유가 많지 않다. 민족과 가문에 따라 내가 할 일이 어느 정도 정해진다. 그 외의 일에는 욕심을 부리지 않는다. 욕심 부리지 않고 내 할 일만 잘하면 먹고살 수 있다. 다른 일에 욕심을 내면 갈등이 생긴다. 우리 집안은 약을 판매하는 일을 한다. 항상 거래하는 곳하고만 거래한다. 다른 품목에는 눈길을 돌리지 않는다. 사업을 더 키울 여지가 별로 없다.

한국 생활에 적응한 지금 내 눈에는 답답해 보이지만, 그것이 네팔에서 사는 방식이다. 이 질서를 흔들면 사회 전체가 흔들린다. 네팔은 근대적인 법치주의나 인식이 아직 제대로 자리 잡기 전인 나라다. 한 국가의 근대화 과정에 흥미가 있는 사람이라면 네팔을 주목해 보길 바란다. 천문학자들이 초신성 폭발 후에 별이 만들어지는 과정을 보며 연구하듯이, 한 국가의 근대화가 진행되는 과정을 실시간으로 보게 될 것이다. 그 과정이 아주 지난하고 어쩌면 미개해 보일지도 모르지만 어느 나라나 다 겪어 왔던 일이다.

다르다는 축복,
하나가 될 수는 없는 다양성

관광객들이 네팔에 오면 놀라는 게 있다. 네팔 친구의 집에 가면 엄청난 환대를 받는다. 손님 대접은 네팔에서 아주 중요한 일이다. 하다못해 물 한 잔이라도 꼭 먹어야 한다. 트레킹을 할 때 한 가게에서 밥을 먹으면 가게 주인이 차는 다른 가게에 가서 마시라고 권한다. 우리는 밥을 팔아서 충분히 돈을 벌었으니 차는 다른 곳에서 팔아 달라는 이야기다. 찻집에 가서 차를 마시고 맛있다고 칭찬하면 서비스가 나오기도 한다. 여유롭게 주변을 돌보며 상생하는 공동체가 아직 남아 있다. 공동체 의식이 사라진 서구나 서구화된 나라에서 온 여행자들은 이런 따뜻하고 여유로운 사람들을 소중한 기억의 조각으로 가지고 간다.

네팔이 정서적으로 여행자들을 끌어들이는 핵심은 이런 것들이다. 하지만 합리적이고 효율적이고 선진적인 제도와 사고방식이 자리 잡은 후에도 이런 모습을 볼 수 있을까. 그렇지는 않을 것이다. 네팔이 여행자들을 끌어들이는 이유는 네팔이 아직 기존의 질서를 유지하고 있기 때문이다. 이 질서가 무너지면 혼란이 오고 지금 네팔이 가지고 있는 매력은 사라질지 모른다. 만약 여러분이 네팔과 네팔 사람들의 문화를 좋아하는 사람이라면, 힐링을 위해 네팔을 찾는 사람이라면, 네팔 사람들의 전근대적인 면을 "이해하지 못하겠어."라고 하는 건 모순이라고 말해 주고 싶다. 나 역시 네팔 사람으로서, 네팔이 가지고 있는 고유의 문화와 특색이 유지되기를 바라지만 또한 발전하기를 바란다. 그리고 이건 모순이다. 이것을 어떻게 풀어 나갈 것인가, 그것은 네팔 사람들에게 달려 있다. 다만 지금은 네팔을 통해 당신들의 나라에서 사라진 공동체와 특유의 인간적 여유를 느낄 때다.

어쩌면 네팔은 공동체 의식과 과거의 전통을 훌륭하게 계승하면서 발전할 수 있을지도 모른다. 그 이유는 네팔이 엄청나게 많은 민족들로 이뤄진 나라이기 때문이다. 네팔 사람들이 어떤 특징을 가지고 있냐고 한다면, 선하고 욕심을 부리지 않고 다투지 않는다는 정도를 꼽을 수 있다. 하지만 조금만 더 구체적으로 이야기해야 한다면, 무엇을 이야기해야 할지 어렵다. 126개의 민족으로 이뤄진 나라. 그 민족들이 별개의 언어와 문화, 관습을 가진 나라. 이런 구성을 가진 나라가 민족 간의 갈등 없이 하나의 깃발과 국가를 공유하고 있다.

한 민족으로서 공동체 문화를 가진 한국 사람들은 네팔 문화가 낯설 수 있다. 같은 나라 사람인데도 언어가 다르고 문화가 다르다는 건 이런 거다. 장례를 치를 때 어떤 민족은 3일장이지만 어떤 민족은 7일장이다. 화장을 하는 민족도 있고, 매장을 하는 민족도 있다. 어떤 민족은 한 살 때부터 술을 먹이지만 어떤 민족은 금지한다. 결혼을 할 때 관습이나 축의금 내는 법, 혼수를 해오는 법 같은 게 민족마다 다 다르다. 이렇게 다른 사람들이 함께 모여 살고 있다. 옆집 사람이 다른 민족이면 집안 행사 때마다 서로 구경하러 갈 정도로 공통점이 적은 사람들이다. 그래도 다른 민족의 문화는 기본적으로 존중한다. 나와 당신이 다른 것은 당연하고, 또 그럴 수 있다는 게 기본 정서로 깔려 있다.

이렇게 다른 여러 민족들을 하나의 나라로 묶는 것은 기존의 문화와 제도다. 악습처럼 보이는 카스트도 사실 사회 안정에 긍정적인 역할을 하고 있다. 카스트는 사람 대 사람을 구분하는 용도가 아니다. 민족 내부에서 가문별로 카스트를 만들어 질서를 잡는다. 그래서 결혼을 할 때는 같은 민족 내부에서, 비슷한 카스트끼리 진행한다. 다른 민족, 다른 카스트끼리 결합하면 외국인끼리 결혼하는 것 이상으로 갈등과 혼란이 발생할 게 뻔하다. 네팔 사람들은 이런 혼란을 만드는 일 자체를 피하려고 한다. 같은 것들은 같은 것들끼리, 다른 것들은 다른 것들끼리 놓고 서로 억지로 섞을 필요는 없다는 생각이다. 이것이 네팔이 지금까지 민족과 종교 때문에 다툼을 벌이지 않았던 이유다.

서로 섞이지 않지만 서로 밀어내지도 않는 사람들. 이게

'내 안의 신이 당신 안의 신을 존중한다'는 나마스테의 의미는, 다양한 민족이 어울려
사는 네팔 사람들이 갈등을 일으키지 않고 살아가는 근간이 되고 있다.
ⓒ Getty Images

네팔 사람이다. 서로가 다른 것을 당연하게 여기고 존중한다. 다만 자신이 지켜야 할 것들에는 타협하지 않는다. 우리도 다른 민족끼리 섞일 수 있으면 좋다는 것은 알고 있다. 다만 그렇게 했을 때의 대가는 지금으로서는 상상할 수도 없이 크다. 그래서 네팔 사람들은 앞으로도 계속해서 카스트를 유지하고 신을 믿을 것이다. 네팔 사람으로서 앞으로 해야 할 일이라면, 카스트를 대체할 제도와 방법을 만들고 민족들이 지금처럼 서로 화합할 수 있는 방법을 만들어내는 것일지 모른다. 여러분이 네팔을 좋아한다면 더디게 나아가는 네팔의 미래를 응원해 주었으면 한다.

2044년생

수잔 샤키아입니다

네팔 이야기를 할 때면 애써 외면하는 내용이 있다. 외면한다 기보다는 설명하고 싶지 않다. 아니 설명할 자신이 별로 없다. 홍 작가는 어디서 들었는지 네팔 달력 이야기를 꺼냈다.

"네팔은 독특한 달력을 쓴다면서요?"

그렇다. '비끄럼 섬벗(Vikram Samvat)'이라는 달력을 사용한다. 네팔만의 독특한 콘텐츠이니 알려 달라고 한다. 비끄럼 섬벗은 네팔 사람들이 삶의 기준으로 삼는 달력이다. 네팔과 네팔 사람을 이해하는 데 도움이 되는 건 확실하다.

"그렇다면 꼭 얘기해 주셔야겠네요."

"그럼요. 저도 꼭 다루면 좋겠어요."

그러고서 네팔 달력 이야기를 시작했다. 앞에 앉아 있는 홍 작가의 표정은 호기심에서 황당함으로, 그다음엔 심각함에서 당혹스러움으로 바뀌었다. 세상일은 대부분 '아는 게 힘'이지만 '모르는 게 약'이 진리가 되는 순간도 있다.

내 생일은 2044년 11월 27일이다. '2044'는 오타가 아니다. 전 세계 대부분의 나라에서는 그레고리력을 쓴다. 교황 그레고리오 13세가 시행한 역법이 세상의 기준이 됐다. 이 역법은 예수가 탄생한 해를 기원(紀元)으로 삼는다. 비끄럼 섬벗은 그레고리력과 기원이 다르다. 그레고리력보다 56년 7개월 전이 원년이다. 2044년에서 56년을 빼면 1988년이다. 원래는 태어난 달까지 계산에 포함해야 하지만 그레고리력에서 57년 정도를 더하면 네팔 연도가 된다는 것만 알면 된다.

인도에서는 여러 종류의 힌두 달력이 있었는데 비끄럼 섬벗도 그중 하나다. 힌두 달력에 따라 기원이 되는 연도가 달라진다. 비끄럼 섬벗은 고대 인도의 비크라마디티야(Vikramaditya) 황제의 이름을 따서 만들어진 역법이라고 한다. 섬벗(Samvat)은 연(year)이라는 의미다. 역사적으로 검증되지는 않은 전설이다. 한국의 단군 신화 정도로 생각해도 큰 문제는 없을 것 같다.

나는 여권을 만들면서 네팔 달력이 세계의 표준과는 다르다는 것을 처음 실감했다. 네팔에서 여권을 만들러 가면 생년월일을 물어본다.

"2044년 11월 27일입니다."

내 생일을 들은 여권 담당 직원은 이렇게 얘기했다.

"어, 그러면 1988년 3월 10일 아니면 11일이네요. 둘 중 하나 고르세요."

"네? 그럼… 10일로 할게요."

왜 두 개의 숫자를 고르라고 하는지도 모르는 채 어리둥절해 하며 대답했다. 그래서 내 서양 생년월일은 1988년 3월 10일이 됐다. 태어나서 처음 보는 숫자였다. '20441127'이 나를 나타내는 숫자였는데, 이제는 '19880310'이라는 숫자를 외워야 했다. 그런데 알고 보니 나는 선택을 잘못했다. 어머니한테 말씀드리니 나는 오후에 태어났기 때문에 3월 11일을 골랐어야 했다는 것이다. 태어난 시간대에 따라서 날짜도 바뀌는 건가? 이미 되돌릴 수는 없었다. 한국에 온 뒤로 나는 '19880310'을 달고 살게 됐다.

엄마 내 생일 좀
알려 주세요

고향에서 학교를 다닐 때 생일이 나름 중요한 이벤트였다. 생일이 되면 이마에 티카를 찍고 나온다. 티카는 인도의 빈디(Bindi)처럼 이마에 찍는 붉은 점이다. 인도에서는 주로 기혼 여성이 찍지만 네팔에서는 축복과 풍요의 의미로 남녀 구분 없이 사용한다. 친구가 티카를 찍고 나오면 생일이라는 걸 알 수 있다.

내가 학교에 다닐 때는 보통 생일인 친구가 학교 친구들에게 선물을 돌렸다. 주로 캔디를 돌리는데 간혹 한국 초코파이를 돌리는 친구도 있었다. 이렇게 트렌디한 선물을 가져온 친구가 있으면 다음이 생일인 친구가 난처해진다. 어머니에게 "친구가 미제 풍선껌을 가져왔어요."라는 식으로 말씀드리면 집안 차원에서 부담을 지게 된다. 아주 친한 친구 사이라면 선물을 주고받거나 파티를 열겠지만 보통은 생일인 사람이 친구들을 챙긴다.

한국에 와서 네팔의 생일 문화를 곰곰이 생각해 보니 생일인 사람이 주로 친구를 챙기는 이유를 알 것 같다. 네팔에서는 생일이 언제인지 모른다. 주변 친구들이 내 생일을 미리 알기 어렵다. 생일이 언제인지 알려면 엄마한테 물어봐야 한다. 2044년 11월 27일에 태어났으니 이후로도 쭉 11월 27일이 생일 아니냐고? 아니다.

오른쪽 그림은 네와르 민족이 사용하는 달력이다. 이 달력은 비끄럼 섬벗과 그레고리력, 네와르 민족 달력을 모두 합친 올인원 버전이다. 이런 달력을 일상에서 사용한다. 가장 윗줄 오른쪽 위에는 익숙한 글자가 보일 것이다. 그레고리

지극히 사적인 네팔

आइतबार SUN	सोमबार MON	मंगलबार TUE	बुधबार WED	बिहीबार THU	शुक्रबार FRI	शनिबार SAT
विवाह मुहूर्त २,१३,१४,१५,२०,२५,२६,२९,३०			व्रतबन्ध मुहूर्त ८,११		नवमी **१** 13	दशमी **२** 14
एकादशी **३** 15	द्वादशी **४** 16	महाशिवरात्रि त्रयोदशी **५** 17	चतुर्दशी/औंसी **६** 18	प्रजातन्त्र दिवस ल्हेसार प्रतिपदा **७** 19	द्वितीया **८** 20	तृतीया **९** 21
चौथी **१०** 22	पञ्चमी **११** 23	षष्ठी **१२** 24	सप्तमी **१३** 25	अष्टमी **१४** 26	नवमी **१५** 27	दशमी **१६** 28
एकादशी **१७** 01	द्वादशी **१८** 02	त्रयोदशी **१९** 03	चतुर्दशी **२०** 04	फागुपूर्णिमा **२१** 05	प्रतिपदा **२२** 06	द्वितीया **२३** 07
नारी दिवस तृतीया **२४** 08	चौथी **२५** 09	पञ्चमी **२६** 10	पञ्चमी **२७** 11	षष्ठी **२८** 12	सप्तमी/अष्टमी **२९** 13	नवमी **३०** 14

네팔력 2071년 11월은 그레고리력으로 2015년 2~3월에 해당한다.

력 기준으로 2015년 2월에서 3월에 걸친 달력이다. 왼쪽 위에는 비끄럼 섬벗으로 몇 월인지와 연도가 적혀 있다. 팔군(फागुन, Falgun)은 11월이다. 그 옆에 마치 2069처럼 보이는 숫자는 네팔 숫자로 2071이다. 즉, 이 달력은 비끄럼 섬벗 2071년 11월 달력이다. 달력을 보는 법은 똑같다. 첫 번째 칸에 q

처럼 보이는 숫자는 '1'이다. 그 밑에 아라비아 숫자 13은 그 레고리력 날짜다. 그래서 비끄럼 섬벗 2071년 11월 1일은 그 레고리력 2월 13일이다.

네팔력과 그레고리력 가운데에는 네와르 민족의 역법에 따른 연도가 표기되어 있다. 네팔에서는 민족별로 역법을 따로 쓰기도 한다. 일상에서 자주 활용하는 것은 아니지만 새 해 첫날은 비끄럼 섬벗과 상관없이 챙긴다. 한국이 구정과 신정을 따로 챙기는 것과 비슷하다.

일주일이 7일인 것은 똑같다. 다만 일주일의 시작은 일요일이고, 끝이 토요일이다. 휴일은 토요일이다. 주 5일제가 정착된 한국 사람이 보기에는 빨간 날이 별로 없으니 쉬는 날이 너무 없는 게 아니냐고 할지 모르겠다. 하지만 네팔 사람은 한국에 와서 달력을 보면 한숨부터 나온다. 여러 축제나 국경일 때문에 한 달의 반 이상을 쉴 때도 많기 때문이다.

요일이 표기된 부분 바로 밑에 있는 박스에는 그달의 길일(吉日)이 표기되어 있다. 왼쪽은 결혼하기 좋은 날. 오른쪽은 성인식을 치르기 좋은 날이다. 한국에서도 손 없는 날을 찾아 이사를 하거나 행사를 하는 것처럼 네팔도 그렇다. 달력에 길일을 표기할 정도로 무속과 같은 전통에 더 신경 쓴다.

내 생일은 네팔력으로는 11월 27일, 그레고리력으로는 3월 11일인 수요일이어야 한다. 그러나 이 날은 내 생일이

지극히 사적인 네팔

비끄럼 섬벗	표기 (산스크리트어, 영어)	그레고리력
1월	버이샤크 (वैशाख, Baishakh)	4~5월
2월	제스터 (जेठ or ज्येष्ठ, Jestha)	5~6월
3월	어사더/어살 (असार or आषाढ़, Ashadh/Asar)	6~7월
4월	스라원/샤원 (साउन or श्रावण, Shrawan/Sawan)	7~8월
5월	바드러 (भदौ, Bhadra)	8~9월
6월	어스윈 (असोज or आश्विन, Ashwin)	9~10월
7월	카르틱 (कात्तिक or कार्तिक, Kartik)	10~11월
8월	멍실 (मंसिर, Mangsir)	11~12월
9월	뿌스 (पुष or पौष, Poush)	12~1월
10월	마그 (माघ, Magh)	1~2월
11월	팔군 (फागुन or फाल्गुण, Falgun)	2~3월
12월	쩌이트러 (चैत or चैत्र, Chaitra)	3~4월

아니다. 일단 생일은 양력이 아닌 음력으로 쉰다. 비끄럼 섬벗은 태음태양력이다. 복잡하게 생각할 필요는 없다. 한국에서 사용하는 달력처럼 양력과 음력을 같이 표기하는 것과 똑같다. 네팔 달력과 한국 달력이 다른 점은 한국에서는 음력을 '음력 2월 14일'처럼 숫자로 표시하지만 네팔에서는 음력을 숫자가 아닌 달의 모양을 나타내는 '티티(Tithi)'라는 체계로 표현한다는 것이다. 달력에서 네팔 숫자 위에 적혀 있는 글자가 네팔의 음력 날짜 '티티'다.

예를 들어 보자. 음력 8월 15일이 보름이라고 하면 그다음 날은 음력 8월 16일이 된다. 네팔에서는 이날을 보름달로부터 첫날이라고 인식한다. '티티'로는 '프라타마'라고 부른다. 초승달에서 보름달까지, 보름달에서 초승달이 되기까지 14일을 부르는 명칭이 똑같다. 초승달과 보름달 다음 날은 모두 '프라타마'이고, 이틀째는 모두 '드위티야'인 거다. 초승달이나 보름달을 기준으로 삼아 그로부터 며칠이 지났는지를 세는 개념이다. 초승달이 보름달이 됐다가 다시 초승달이 되는 기간인 30일이 아닌, 달이 차고 기우는 2주일 단위로 센다.

정리해 본다면, 비끄럼 섬벗 기준으로 내 양력 생일은 네팔력으로는 11월 27일, 그레고리력으로는 3월 11일이다. 하지만 우리는 생일을 음력으로 쉰다. 내가 태어난 날짜보다 태어났던 날의 달 모양, '티티'가 더 중요하다. 여기에 더해

	크리슈나 팍샤 (Krishna paksha) 하현으로 갈 때	슈클라 팍샤 (Shukla paksha) 상현으로 갈 때	비고
1일째	프라타마(Prathama)		
2일째	드위티야(Dwitiya)		
3일째	트리티야(Tritiya)		• '티티'는 신월(新月, 초승달)
4일째	차투르티(Chaturthi)		과 만월(滿月, 보름달)을 기
5일째	판차미(Panchami)		준으로 삼는다.
6일째	샤슈티(Shashthi)		• 보름달에서 초승달로 갈 때
7일째	삽타미(Saptami)		는 크리슈나 팍샤 기간, 초
8일째	아슈타미(Ashtami)		승달에서 보름달로 갈 때는
9일째	나바미(Navami)		슈클라 팍샤 기간이다.
10일째	다사미(Dasami)		• 상현, 하현과 같은 구분은
11일째	에카다시(Ekadasi)		없다. 초승달과 보름달 다
12일째	드바다시(Dvadasi)		음 날은 모두 '프라타마'다.
13일째	트라요다시(Trayodasi)		보름달에서 5일이 지나면
14일째	차투르다쉬(Chaturdashi)		판차미다. 즉, '티티'는 바
15일째	아마바샤 (Amavasya, 신월)	푸르니마 (Purnima, 만월)	로 전의 보름달 혹은 초승 달을 기준으로 며칠 째인 가를 세는 개념이다.

내가 태어났을 때 여러 행성의 위치까지 고려해서 일치하는 날짜를 찾는다. 그날이 내 생일이다.

그래서 네팔 사람들은 자기 생일이 언제인지 모른다. 생일이 정확히 언제인지 알아내려면 조티시 같은 브라민들에게 생일이 언제인지 물어야 한다. 그 사람들만이 날짜를 계산해서 우리에게 언제가 생일인지 알려 줄 수 있다. 보통은 엄마들이 가족들 생일이 다가오면 먼저 조티시에게 물어보고서 우리에게 날짜를 통보한다.

나는 한국에 온 이후로 내 진짜 생일을 거의 챙겨 본 적이 없다. 생일 때마다 엄마에게 물어보기도 그렇고 한국 친구들에게 내 생일이 왜 3월 10일이 아닌지 설명할 엄두가 나지 않았다. 한국 생활에 익숙해지다 보니 나도 모르는 내 생일에 무슨 의미가 있는지 회의가 들기도 했다.

국제 표준은
스스로 생일을 챙길 줄 아는 것

비끄럼 섬벗은 라나 왕조 때인 1901년 도입된 역법이다. 사용된 지 120년이 넘었다. 어른들은 이 달력을 활용하는 데 익숙하다. 아니 그보다는 이 체계에서 벗어나면 안 된다고

지극히 사적인 네팔

생각한다. 길일을 잡고 진짜 생일을 정하는 등 대소사를 모두 이 달력에 의지한다. 비끄럼 섬벗은 단순한 달력이 아니라 생활의 중심이다.

네팔에 있을 때 비끄럼 섬벗은 나름 자랑스러운 문화였다. 왜냐하면 독특하니까. 네팔의 국기처럼 우리 달력, 역법도 특이하니까 좋다고 생각했다. 그저 하루하루를, 일주일을 지내다 보면 1년이 지나고 다시 새해가 돌아왔다. 무슨 일이 있으면 어른들한테 물어보면 됐다. 달력 때문에 불편을 느낄 일이 없었다.

한국에서 생활하면서 생각이 완전히 바뀌었다. 오랫동안 해외 생활을 하다 보니 네팔의 복잡한 달력에 다시 적응할 자신이 없어졌다. 할머니하고 통화하면 항상 언제 올 거냐고 물으시는데 그때마다 헷갈린다. 1월에 전화 통화를 하면서 3월에 가겠다고 말씀드리면 너무 섭섭해 하신다. 한국에서 1월이면 네팔에서는 10월이다. 할머니 입장에선 반년 뒤다.

생각이 바뀐 이유는 단지 한국에 적응했기 때문만은 아니다. 네팔은 이대로라면 시대에 뒤떨어질 수밖에 없다는 생각이 들었다. '비끄럼 섬벗'의 가장 큰 문제점은 네팔의 공식 역법이라는 점이다. 이로 인해 네팔에서는 공문서를 비끄럼 섬벗을 기준으로 작성한다.

네팔이 고립을 원하는 나라라면 독자적인 역법을 사용해

도 상관없다. 그러나 네팔은 국제 사회의 일원이다. 외교를 하고 무역도 해야 한다. 외국과 조약이나 계약을 맺으면 그레고리력이 기준이다. 그것을 다시 네팔에서 번역을 하면서 네팔 날짜로 끼워 맞춘다. 그 과정에서 실수가 발생하면 어떻게 될까.

네팔이 역사 교육을 제대로 하기 어려운 이유 중 하나도 비끄럼 섬벗 때문이라고 생각한다. 세계사 속에서 네팔은 어떤 위치에 있었는지, 언제 무슨 사건이 있었는지 비교하기 어렵다. 네팔의 역사를 알리기도 힘들고 외국의 역사를 배우기도 어렵다. 기록도 문제다. 비끄럼 섬벗으로 기록하고서 나중에 그레고리력으로 바꾸려면 얼마나 수고를 들여야 할까.

나는 한국에서 통역 일도 하고 있다. '비정상회담'으로 얼굴이 알려진 덕분이다. 네팔어와 한국어를 둘 다 할 수 있는 사람이 많지 않아서 이런저런 일로 한국 정부를 돕는다. 그중 하나가 네팔 출신 불법 입국자나 범죄자 등을 조사할 때 통역하는 일이다.

네팔에서 온 사람에게 출생연월을 묻고 입국 날짜 등을 물을 때면 항상 긴장한다. 네팔 사람들은 모두 비끄럼 섬벗을 기준으로 날짜를 댄다. 이걸 그대로 수사관이나 공무원들에게 전달하면 십중팔구는 황당해 하거나 나를 의심의 눈초리로 본다. 2022년 한국에서는, 아니 대부분의 세계에서는

2050년에 태어났다는 네팔 사람의 말을 믿지 않을 것이다.

"저 사람 말이 정말이에요? 네팔에서 진짜 그런 달력을 쓰는 거 맞아요?"

네팔에서는 상식이지만 네팔 밖에서는 상식이 아니다. 한국만이 아니라 세계 어느 나라를 가더라도 비끄럼 섬벗을 기준으로 이야기하면 소통에 큰 차질을 빚게 된다. 비끄럼 섬벗을 그레고리력으로 변환한다고 해도 오류가 날 가능성을 배제할 수 없다. 내가 여권을 만들 때 3월 10일을 택한 이유는 담당 공무원이 두 날짜 중 하나를 고르면 된다고 했기 때문이다. 어떻게 보면 행정 실수다. 네팔 내에서는 문제가 되지 않을 수 있다. 하지만 만약 출입국을 할 때 그런 일이 벌어진다면 어떻게 될까. 나는 10일에 입국했는데 11일에 입국했다고 처리된다면? 억울한 누명을 쓸 수도 있고, 누군가는 이런 공백을 이용해서 범죄를 저지를 수도 있다.

통역을 할 때 긴장하는 이유는 날짜 하나만 잘못 전달해도 내 앞에 있는 무고한 사람이 범죄자가 될 수 있어서다. 아니면 반대로 내가 범죄자에게 알리바이를 제공해 줄 수도 있다. 책임감을 느끼지 않을 수 없다.

네팔은 혼자서 다른 세상에 살고 있다. 홀로 서겠다는 각오로 우리 것을 지키겠다면 모르겠지만 네팔 사람들도 고립을 원하는 건 아니다. 세계의 구성원이 되려면 소통할 수 있는 최소한의 룰은 공유해야 하지 않을까. 네팔로 돌아간다면 비끄럼 섬벗에 다시 적응할 필요가 없는 나라가 되어 있기를 바라 본다.

　　　　　　　　　　지극히 사적인 네팔

축제에 오신

당신이라는 신(神)을

환영합니다

한국에서 처음 달력을 봤을 때는 누가 목울대를 잡고 흔들어 대는 느낌이 들었다. 쉬는 날이 너무 없어 보였다. '여기서는 정말 이렇게 공부하고 일만 하고 사는 건가? 나 여기에서 살아남을 수 있을까?' 하는 생각이 들 정도였다. 한국살이를 하면서 곰곰이 생각해 보니 네팔과 한국의 결정적인 차이는 축제 문화였다. 아마 축제 문화가 발달한 나라에서 온 외국인들은 나와 비슷한 생각을 하지 않을까 싶다.

한국에도 축제는 많이 있다. 산천어 축제, 벚꽃 축제 같은 지역 축제들이다. 그런데 이런 축제들은 축제처럼 느껴지지는 않는다. 주변에 물어보니 한국 사람들도 이런 축제는 지역 행사일 뿐 '진짜 축제'로 생각하지는 않았다. 지역 관광 수요를 높이려고 만들어진 '상품' 개념으로 이해했다. 이런 인식이 생긴 이유는 역시 휴일 때문일 것이다. 축제를 온전히 즐기려면 일을 쉬어야 한다. 축제를 준비하고, 즐기기 위해 공동체가 마음을 합쳐야 한다. 한국의 축제는 행사를 주관하는 사람들이 손님을 받는 개념으로 준비한다. 누구나 같이 즐기는 게 아니라 서비스를 제공하고 그것을 구매한다. 엄밀히 말하면 축제가 아니라 장사다.

네팔에 있을 때는 아무 생각 없이 즐기기만 했지만 막상 네팔의 축제를 소개하려고 보니 쉽지 않다. 한국은 축제를 즐긴다는 개념이 없어서 힘들지만 네팔은 너무 많아서 문제다. 매달 축제가 있고, 축제로 인한 휴일이 있고, 축제에 생활 주기를 맞춘다. 일과 비즈니스를 중심으로 생각하면 답답해 보일 것이다. 나도 마찬가지다. 비즈니스 목적으로 네팔 사람들과 일을 하게 되면 "일은 언제 할 거야?"라는 말이 나올 정도가 됐다. 하지만 그만큼 다른 문화를 가지고 있으니 더욱 소개할 가치가 있다.

네팔의 축제는 다양하다. 특정한 축제를 보려고 날짜를 꼭 맞춰서 갈 필요는 없다. 한 달에 한 번은 꼭 축제가 있다고 보면 된다. 네팔에 가면 사람들이 항상 축제를 즐기고 있는 것을 볼 수 있다. 축제마다 축복받는 신, 음식, 풍습 등이 다 다르다. 여기서 소개하는 축제는 네팔의 축제 중에서도 극히 일부다. 네팔 사람으로서 소개하고 싶은 축제를 몇 개만 뽑

지극히 사적인 네팔

아 보았다. 우리는 손님도 신이라고 믿는다. 축제 때 오는 손님도 신이다. 누구나 참여하고 즐길 수 있다.

네팔 여성의 날,
띠즈(Teej)

가장 먼저 소개하고 싶은 축제는 띠즈(Teej)다. 한마디로 설명한다면 힌두식 '여성의 날'이라고 할 수 있다. 띠즈 축제 때 여성들은 집안일을 하지 않는다. 기혼 여성들은 친정에 간다. 남자들은 집 한쪽 구석에서 여성들의 눈에 띄지 않게 쭈그리고 있거나 집을 비워 줘야 한다. 축제는 보통 사흘이다. 이 기간 동안 여성들은 금식을 하며 밖으로 나가 하루 종일 시바신의 이름을 부르며 춤을 춘다. 민족에 따라 금식 기간은 하루에서 사흘 정도다. 금식 전날은 '딜(Dar)'이라는 요거트나 설탕이 들어간 달달한 음식을 하루 종일 먹는다. 그러고는 하루에서 사흘 정도 미친 듯이 춤을 춘다. 금식이 끝나면 다시 맛있는 것을 먹고 몸을 회복한 후 일상으로 돌아간다. 한국 달력으로 8월쯤 네팔에 가면 띠즈 축제를 볼 가능성이 높다. 이 기간 동안 길거리는 여성들이 지배한다고 보면 된다.

띠즈는 힌두교 축제다. 파르바티와 시바의 결합을 축하하는 개념이다. 이게 왜 여성들의 축제가 됐는지를 보려면 파르바티와 시바의 이야기를 조금 알아야 한다. 시바에게는 사티(Sati)라는 아내가 있었다. 사티는 창조의 신 브라흐마의 아들 다크샤(Daksha)의 딸이다. 사티는 어릴 때부터 시바를 흠모하여 결국 시바와 결혼했다. 그런데 다크샤가 야즈나(Yajna)라는 힌두교의 번제(燔祭) 의식을 열면서 다른 신들은 다 초대했는데 시바와 사티만 초대하지 않았다. 다크샤가 시바를 아주 싫어했기 때문이다. 다크샤는 딸이 찾아와서 항의하자 다른 사람들이 보는 앞에서 시바와 사티를 조롱하기까지 했다. 그러자 사티는 남편의 명예를 지키기 위해 스스로 타오르는 불길에 몸을 던졌다. 아내를 잃고 크게 상심한 시바는 장인을 비롯한 번제 참석자들의 목을 날려버렸다. 그러고는 사티의 시신을 끌고 다니며 오랜 시간 고통스러워했다.

이후 시바는 다시 아내를 얻게 되는데, 그녀가 바로 사티가 전생한 파르바티다. 파르바티는 시바와 결혼하기 위해 시바의 곁에서 그를 돌보고 고행을 자처한다. 이에 감명받은 시바는 파르바티와 다시 부부가 된다. 이 신화를 보면 사티와 파르바티는 스스로의 운명을 개척한 여성상이다. 시바에게 선택받은 게 아니라 쟁취한 여성들이다.

띠즈는 시바를 헌신적으로 돌본 파르바티와 시바를 기리

지극히 사적인 네팔

띠즈 축제 때 파슈파티나트 사원에서 기도를 하는 네팔 여성들. ⓒ Getty Images

는 축제다. 금식을 하며 남편의 장수와 건강을 빈다. 미혼인 여성들은 좋은 남편감을 만나게 해 달라고 기원한다. 축제가 끝나면 카트만두의 파슈파티나트(Pashupatinath) 사원에 가서 축복해 달라고 기도한다. 파슈파티나트는 시바 신을 모시는 사원으로는 가장 신성한 곳이다. 띠즈 때 이곳은 더욱 붐빈다.

띠즈는 명목상으로는 여성들이 남편의 장수와 건강을 기원하는 축제다. 원래 주인공은 사실 남편이 돼야 한다. 그런데 실제로는 정반대다. 남편들은 부인들 눈에서 사라지는 게 좋다. 귀찮게 하면 안 된다. 금식 전에 먹는 덜은 모두 남편 책임이다. 집안일, 식사, 육아 모두 남자들 몫이다. 남자들은 "이게 무슨 우리를 위한 날이야? 여자들을 위한 날이지." 하면서 농담 섞인 불평을 한다. 하지만 축제 때 대놓고 그런 말을 하는 간 큰 사람들은 없다.

네팔은 아직 여권이 미약한 나라다. 집안일을 비롯한 일상생활을 거의 다 여성이 책임진다. 교육받기도 어렵다. 결혼이라도 하면 학업을 중단한다. 우리 엄마도 아빠와 결혼할 때는 학업을 마치기로 했지만 나를 임신하면서 학교를 그만두셨다. 그 뒤로는 집안일만 하셨다. 띠즈는 1년 내내 일에 치여 사는 여성들에게 일주일 정도 자유를 주는 축제다. 남자들도 여성들이 힘들다는 것을 눈치로는 알고 있다. 그래서

지극히 사적인 네팔

그 일주일만이라도 입을 다문다. 그래서인지 띠즈 기간 때의 여성들을 보면 놀랍기만 하다. 금식 중인데도 하루 종일 노래를 부르고 춤을 춘다. 어디서 그런 에너지가 나오는지 놀라울 정도다.

사실 띠즈를 싫어하는 사람들도 있다. 여성들의 축제라서가 아니라 사티와 관련이 있는 힌두교 축제이기 때문이다. 사티는 시바를 위해 불 속에 몸을 던졌다. 우연인지 모르겠지만, 힌두교에는 남편이 죽으면 부인을 같이 순장하거나 화장하는 풍습이 있었다. 사티(Sati)라는 풍습이다. 여성들에게는 재앙이나 다름없는, 이런 비인간적이고 야만적인 풍습을 가진 힌두교의 축제를 국가가 공식적으로 하는 게 옳으냐는 문제제기다. 띠즈는 사티와 다름없는 파르바티를 기린다. 힌두교의 어두운 면을 안다면 마냥 좋게 보기만은 어렵다.

힌두교 논란과는 별개로 지금의 띠즈는 여성들에게 잠시나마 해방구가 된다는 점에서, 여성들의, 여성들을 위한 축제라는 점에서 특별한 문화라고 생각한다. 여성들이 가지고 있는 어마어마한 열정과 에너지를 보고 싶다면 띠즈 때 방문해 보시길.

네팔의 할로윈,
가이 자트라(Gai Jatra)

가이 자트라는 소(Gai)의 축제(Jatra)다. 네팔에서는 가이 자
트라가 되면 온갖 특이한 복장과 분장을 한 사람들이 거리
로 나온다. 표현의 자유가 보장되는 날이라 정치인들을 풍자
하거나 조롱해도 전혀 문제가 되지 않는다. 민주주의가 아직
정착하지 못한 네팔에서는 완전한 자유가 보장되는 해방구
같은 하루라고 할 수 있다.

'소의 날'인데 왜 이렇게 됐는지를 알아 보려면 옛날이야기
를 해야 한다. 가이 자트라는 1641년부터 시작됐다고 한다.
프라탑 말라(Pratap Malla, 1624~1674) 왕이 카트만두를 다스리
고 있을 때였다. 국경을 확장하고 티베트와의 무역을 독점하
는 등의 업적이 있었던 왕은 평판이 좋지만은 않았다. 여성들
을 강간하고 사람들을 죽이는 포악한 왕이었다.

그에게는 두 왕비가 있었고 아들은 다섯이 있었다. 왕은
자신의 왕국이 번영하려면 가장 똑똑한 자식에게 왕위를 넘
겨야 한다고 생각했다. 그래서 한 가지 묘책을 냈다. 다섯 자
식들에게 1년씩 돌아가면서 왕국을 다스리게 해 보는 것이
었다. 그러면 왕에 가장 걸맞은 왕자가 누구인지 알 수 있을
거라고 생각했다. 그러던 중 첫째 왕비의 둘째 아들이 왕국

'가이 자트라'에서 우스꽝스러운 분장을 한 네팔 아이들. © Getty Images

을 다스리게 됐는데, 둘째 왕자는 왕을 대리한 지 하루 만에 도시 구경을 나갔다가 그만 코끼리에서 떨어지는 사고를 당해 죽고 말았다. 이 사고로 인해 왕비는 크게 슬퍼했다.

왕은 왕비를 위로하기 위해 왕국에서 1년 안에 가족이 죽은 사람은 소를 끌고 나오라고 했다. 소는 천국으로 가는 이동 수단이라는 것과 왕국 안에서 슬픈 일을 당한 사람이 왕비만이 아니란 것을 보여 주기 위해서였다. 하지만 남의 자식이 죽었다고 해서 자기 자식이 죽은 슬픔이 희석될 리가 없지 않은가. 왕비의 슬픔은 가시지 않았다. 그래서 왕은 한 가지 묘책을 냈다. 무슨 수를 쓰든 왕비를 웃게 해 달라는 포고를 내린 것이다. 그러자 사람들은 재미있는 옷이나 가면 같은 것을 쓰고 나와서 왕비를 웃기기 위해 쇼를 하기 시작했다. 서슬 푸른 잔혹한 왕 프라트랍을 풍자해도 처벌받지 않게 보장했다. 불가촉천민이라도 이날만큼은 왕을 조롱해도 상관없었다. 한국식으로 따지면 마당놀이를 국가 행사로 만들었다고 보면 된다.

이 전통이 이어져 지금의 가이 자트라가 탄생했다. 원래는 '소의 날'이었지만 할로윈 같은 전통이 만들어진 것이다. 이날에는 코미디 페스티벌이 같이 열린다. 현직 총리를 불러서 패러디를 하거나 대놓고 놀려 먹는다. 주로 국회를 장악한 브라민들은 놀고먹기만 한다든지, 세습을 하면서 자기 잇속만 챙긴다든지 하는 풍자를 대놓고 한다. 왕정이었을 때도 왕정은 곧 독재라면

'정보 기관에 있는 분들에 대한 글쓰기 금지법을 만들어 주세요.'
2018년 8월 31일 〈네팔 타임스〉에 게재된 가이 자트라 포스터. ⓒ NEPAL Times

서 비판했을 정도였다. 인기도 좋다. 표를 구하기도 어렵다.

특이한 옷을 입거나 분장한 사람들은 도시 전체를 돌아다니며 즐긴다. 그러면 집에 있는 사람들은 물이나 먹을 것을 나눠 주기도 한다. 가이 자트라는 8월에서 9월 사이에 열린다. 만약 네팔에 갔는데 가이 자트라가 열린다면 꼭 거리를 활보해 보기를 바란다. 재미있는 구경거리가 많다. 모두가 참여하고 즐길 수 있는 축제이니 참여해 보는 것도 좋다. 나는 구경만 하는 게 취향에 맞지만.

색채의 축제,
홀리(Holi)

홀리는 네팔과 인도에서 가장 유명한 힌두교 축제다. 3월쯤
되면 한국의 네팔, 인도 커뮤니티에서도 이 축제를 연다. 이
날은 '봄맞이 축제' 혹은 '색채의 축제'로 불린다. '색채의 축

홀리 축제 기간에는 온 도시와 사람들이
알록달록해진다. ⓒ Getty Imgaes

제'가 가장 적절한 번역인 것 같다. 이때는 온갖 물감과 염료
들이 도시 곳곳에서 폭발한다. 물총이나 풍선에 물감을 넣어
여기저기 뿌리고 다니기 때문에 도시와 사람들은 모두 알록
달록하게 된다. 점잖은 사람들이라면 이 시기에 네팔이나 인
도 여행은 피하는 게 정신 건강을 위해 좋을 수도 있겠다.

　화려하고 볼거리가 많은데다가 특히 외국인들이 좋아하

축제에 오신 당신이라는 신(神)을 환영합니다

기 때문에 구경하는 것도 재미있는 경험이 될 것이다. 사실 외국인들이 더 좋아하는 것 같기도 하다. 도시에서 물감이나 염료를 마구 뿌리고 다닐 수 있는 경험은 특별하다.

홀리 축제 역시 힌두 신화에서 기원을 찾을 수 있다. 즐기는 입장에서 딱히 중요한 내용은 아니다. 사실 네팔 사람들도 기원이 무엇인지 잘 모른다. 간략하게 정리해 보자면 다음과 같은 옛날이야기다.

옛날에 히라냐카시푸(Hiranyakashipu)라는 사악한 왕이 있었다. 그는 브라흐마를 속여 자신을 불사에 가깝게 만들 수 있는 다섯 가지 능력을 얻었다. ① 인간이나 동물에게, ② 실내나 실외에서, ③ 밤이나 낮에, ④ 원거리 무기와 ⑤ 휴대용 무기에는 죽지 않는 능력이었다. 이 능력을 얻자 오만해진 그는 자신을 신처럼 숭배하라고 했다. 그러나 그의 아들인 프랄라드(Prahlad)는 아버지를 따르지 않고 비슈누를 위해 기도했다. 화가 난 왕은 아들을 죽이기 위해 자신의 여동생 홀리카(Holika)를 불러 프랄라드를 안고 불 속으로 들어가도록 시켰다. 홀리카에게는 불에 타지 않는 옷이 있었으니 프랄라드만 태워 죽이려는 심산이었다. 하지만 홀리카는 자신의 옷을 프랄라드에게 입히고 자신은 타 죽고 말았다.

히라냐카시푸의 만행을 본 비슈누는 결국 이 못돼 먹은 왕을 처단하기로 결심한다. 비슈누는 사람도 짐승도 아닌 나라

비슈누의 네 번째 화신 나라심하.
ⓒ Wikipedia

심하(Narasimha)[1]의 모습으로 내려와서 낮도 밤도 아닌 황혼에, 실내도 실외도 아닌 문 앞에서, 어떤 무기도 아닌 손으로 왕을 찢어 죽였다. 이렇게 해서 악을 처단하고 선이 승리했다는 이야기다.

홀리 축제의 여러 가지 색깔은 바로 홀리카가 타 죽었던 불의 색을 의미한다. 홀리카의 희생으로 악을 몰아낸 것을 기리는 축제다. 배경이야 어쨌건 간에 지금은 광란에 가까

---

1 나라심하는 비슈누의 네 번째 화신으로, 인사자(人獅子) 즉 사람과 사자를 섞은 듯한 모습을 하고 있다.

운 분위기로 물감을 뿌려대며 노는 축제다. 광장에 나와서 콘서트를 하며 물을 뿌리거나 옥상에서 물 풍선을 날린다. 또 방(Bhang)이라고 불리는 마리화나로 만든 음료도 많이 마신다. 네팔식 에너지 드링크라고나 할까. 판매하는 음료는 아니다. 그냥 알아서 만들어 먹는 것이다. 홀리에 더 에너지를 쏟도록 열과 성을 다하는 목적이랄까. 판매하는 것만 아니면 당국에서도 딱히 규제를 하지 않는다.

이 축제는 가장 보편적으로 퍼져 나갈 수 있는 힌두교 축제라고 생각한다. 독특한 문화로서 장점도 크다. 하지만 여기저기에 물감을 뿌리며 놀다 보니 이런 걸 원치 않는 사람들은 상당히 싫어한다. 내 동생들도 홀리 때가 되면 학교에 가기 싫어했을 정도다. 옥상 위에서 물 풍선을 던지거나 하면 다칠 수도 있다. 여러모로 신경이 곤두서게 된다. 최근에는 안전을 위한 규제가 만들어지고 있다. 안전만 신경 쓰면 즐기기에 이만큼 좋은 축제는 없을 것이다.

빛의 축제,
띠하르(Tihar)

띠하르는 네팔에서 두 번째로 큰 축제다. 첫 번째는 더샤인

(Dashain)이다. 한국으로 보면 추석과 비슷한 최대 명절이자 축제다. 축제를 즐기면서 어르신들이나 가족을 찾아 인사를 드리고 덕담도 듣는다. 원래는 15일이나 쉬는 대형 축제였지만 지금은 7일 정도만 쉬고 있다. 하지만 마트나 시장은 이때가 대목이기 때문에 문을 연다. 혹시라도 축제 기간에 생필품을 못 구할까봐 걱정할 필요는 없다.

더샤인이 끝나면 다음은 띠하르로 이어진다. 10월에서 11월 사이 정도다. 빛의 축제로 불리는 이유는 축제 기간 동안 여러 조명을 밝히기 때문이다. 도시가 빛으로 흘러넘친다. 평소와는 전혀 다른 야경을 감상할 수 있다. 분위기도 더 들뜨게 된다. 잠들지 않는 도시가 된다는 느낌이다. 이것만으로도 나름 볼거리지만 띠하르가 특별한 이유는 이 축제가 죽음과 인간을 위한 축제이기 때문이다.

띠하르는 5일 동안 열리는데, 그중 4일은 죽음의 신 야마(Yama)와 관련된 네 가지 동물들을 기린다. 첫날은 까마귀, 둘째 날은 개, 셋째 날은 암소, 넷째 날은 수소, 마지막 날은 형제자매들의 날이다.

첫째 날 카그 띠하르(Kaag Tihar)는 까마귀의 날이다. 까마귀는 죽음의 신의 사자로 여겨진다. 네팔에서는 집에 죽는 사람이 있으면 까마귀가 몰려든다고 한다. 나쁜 소식을 전하는 새이니만큼 카그 띠하르 날에는 까마귀에게 먹이를 주면

띠하르 축제가 되면 카트만두는 빛의 도시가 된다. ⓒ Getty Images

서 달래고 좋은 소식만 들리게 해달라고 기원한다.

둘째 날은 쿠쿠르 띠하르(Kukur Tihar), 개의 날이다. 개는 인간의 동반자이고 재난이나 재앙이 닥치면 가장 먼저 느끼고 사람에게 알려 준다. 신들에게도 개는 소중한 존재다. 죽음의 신 야마도 지옥의 문을 감시하는 개를 가지고 있다고 한다. 개의 날에는 인간과 신에게 모두 소중한 존재인 개를 대접한다. 자기가 키우는 개만이 아니라 동네 개들에게도 베푸는 날인 것이다. 이날에는 강아지들에게 티카를 찍거나 목에 화환을 둘러 예쁘게 꾸미기도 한다. 이렇게 꾸민 사진들 때문에 인터넷에서 화제가 되기도 한다.

셋째 날은 띠하르의 메인 이벤트 날이다. 가이 띠하르(Gai Tihar)이자 락슈미 뿌자(Lakshmi Puja)를 하는 날이다. 가이 띠하르는 '암소의 날'이라는 의미다. 암소는 부와 번영의 신 락슈미의 바하나(Vahana)[2]다. 락슈미를 실어 나르는 것처럼 천국으로 나를 이끌어 달라는 의미에서 아침에는 암소의 꼬리에 끈을 묶는다. 그러고는 암소에게 간식을 주고 화환을 씌워 주면서 감사를 표한다.

락슈미 뿌자는 락슈미 의식이라는 의미다. 락슈미 신을 맞을 준비를 하는 날이다. 집에 문을 열어 놓고 만다라를 골목

---

2   힌두교 신들이 타고 다니는 짐승 모양의 탈것.

길 입구에 걸어 놓는다. 그러고는 소똥으로 발자국 모양을 만들어서 집까지 이어 놓는다. 신성한 소똥 발자국을 딛고 신이 집으로 오기를 바라서다. 소똥으로 만든 일종의 레드 카펫인 셈이다.

이날의 하이라이트는 바일로(Bhailo)라고 불리는 일종의 버스킹이다. 여자아이들이 집집마다 다니며 노래를 부른다. 집주인은 여자아이들이 방문하면 빈손으로 보내면 안 된다. 돈을 주고 셀 로티(Sel roti)라는 일종의 도너츠 같은 것도 준다. 오는 사람마다 다 줘야 하니 엄청나게 많이 만들어야 한다. 나이를 좀 먹으면 바일로를 다니지 않게 되지만, 일부 여성들은 아예 팀을 꾸려서 다니기도 한다. 동네 학예회를 넘어서 '전국노래자랑' 이상의 실력을 자랑하는 사람들도 있다. 이런 길거리 스타들의 공연을 보다 보면 시간이 금세 지나간다.

넷째 날은 고바르단 뿌자(Govardhan Puja)의 날이다. 수소들을 위한 날이라고 생각하면 된다. 수소들은 일을 하면서 중요한 노동력을 제공해 준다. 가이 띠하르 날처럼 수소들을 먹이고 보듬는다. 이날의 핵심은 고바르단 의식이다. 고바르단은 신성한 소가 똥을 싸서 만들어진 산이다. 이 산에서 나오는 약초나 비료는 농사에 유용하다는 믿음이 있다. 그래서 소똥을 모아 고바르단 산처럼 만들고는 풍요를 빈다.

이날은 네와르족의 새해 첫날이기도 하다. 저녁에는 마 뿌자(Mha Puja)라고 불리는 의식을 치른다. 네와르족에게는 '몸의 날'이라고 할 수 있다. 어르신들이 몸에 꽃이나 쌀을 뿌려주고 건강을 기원해 준다.

마지막 날은 바이 티카(Bhai Tika)다. 이날의 의미를 한국말로 옮긴다면 '형제자매의 날'이라고 할 수 있겠다. 여기에도 이야기가 빠질 수 없다. 여신 야무나(Yamuna)의 남동생이 병에 걸리자 죽음의 신이 찾아왔다. 그러자 야무나는 야마에게 동생을 위한 마지막 의식을 끝내고 동생의 목에 걸린 화환(Mala)이 시들 때까지 기다려 달라고 했다. 야마는 그 요청을 받아들여 화환이 시들기를 기다렸는데 아무리 기다려도 꽃이 시들 기미가 없는 거다. 결국 기다리다 못한 죽음의 신은 결국 동생을 저승으로 데려가는 걸 포기하고 말았다.

여기서 나온 꽃은 천일홍(Gomphrena globosa)이다. 말 그대로 천 일 동안 시들지 않는다고 하여 붙은 이름이다. 바이 티카 날에는 여자 형제가 남자 형제에게 천일홍과 호두 같은 걸로 만든 화환을 목에 걸어 준다. 알아 보니 딱 이 시기에 천일홍이 핀다고 한다. 이렇게 여자 형제들이 남자 형제들에게 예쁜 선물을 하면 남자 형제들은 뭐하냐고? 받기만 하는 건 아니다. 남자 형제들은 대가를 치러야 한다.

전설에서 누나 덕분에 목숨을 구한 동생이 무엇을 했는지는 모르지만, 현실에서는 보통 돈으로 대가를 치르게 마련이다. 남자 형제들 입장에서는 여자 형제가 많으면 꼭 돈을 빼앗기는 느낌이 든다. 마음은 고맙지만 부담스럽다. 사실은 용돈을 벌 셈으로 이날만 기다리는 것 같기도 하다. 나는 차라리 아무것도 안 받고 용돈을 주는 게 낫다고 본다. 천일홍으로 만든 화환은 표면이 꽤 거칠다. 맨살로 목에 걸면 피부가 다 까진다. 그래서 나는 바이 티카 날에는 꼭 터틀넥 티셔츠를 입곤 했다.

네팔의 축제는 다양하면서 볼거리도 많고 힌두 문화와 연결되어 이야깃거리도 많다. 알고 가면 좋고 모르고 가도 재미있게 즐길거리가 많다. 언제 가든 네팔에서는 축제를 하고 있을 가능성이 높다. 구경하면서 눈치껏 슬쩍 발을 내딛으면 모두 환영해 줄 것이다. 내가 여기서 소개한 축제는 네팔을 대표하면서 한국을 비롯한 다른 나라 친구들에게 소개해 주고 싶은 것들이다. 한 가지 양해를 구할 것은, 네와르족 입장에서 설명했다는 점이다. 같은 축제라도 민족에 따라 즐기는 법이나 의미 부여가 조금씩 다를 수 있다. 민족에 따라 내가 설명한 내용이 반드시 맞는 내용은 아니라는 것이다. 혹시라도 네팔 사람들과 이야기를 할 때 이 책을 인용해서 팩트를 체크하거나 논쟁을 하지 않기를 바란다. 그런 데 에너지를 쓸 네팔 사람도 없긴 하겠지만. 축제는 축제일 뿐이다. 즐기

　　　　　　　　　　지극히 사적인 네팔

파슈파티나트 사원. ⓒ Getty Images

면 그만이다.

한 가지 더, 만약 카트만두에 온다면 시바라트리(Shivaratri)라는 축제도 구경해 보라고 권하고 싶다. 시바 신을 기리며 그의 에너지를 얻기 위해 밤을 샌다. 2월 말에서 3월 초, 막 봄이 시작되는 때다. 태양계의 에너지가 넘치는 날이니 시바 신을 통해 에너지를 받자는 의미다. 네팔에서 이 축제가 특별한 이유는 파슈파티나트 사원이 카트만두에 있어서다. 이 사원은 시바 신을 모신 사원 중에 가장 신성한 사원으로 꼽힌다. 시바 신을 위한 밤을 새우기 위해 몇 달 전부터 이 사원을 찾는 사람들도 있다. 사원과 신에게 취한 사람들을 보며 함께하는 하룻밤은 신비로운 경험이 될지도 모르겠다.

신의 이야기를 듣기 위해
당신에게 귀를 기울이는 사람들

수잔 샤키야와의 첫 인터뷰는, 그날의 성과만 보면 망했다고 할 수 있겠다. 장소는 수잔의 아지트인 네팔 음식점 '에베레스트'였다. 어떻게 이야기를 이끌어낼까 고민하면서 식당에 들어갔다. 수잔은 식당 직원들과 이야기를 나누다 나를 보고는 반가운 미소를 지으며 한쪽 구석 자리를 가리켰다. 나는 자리를 잡고서는 수잔이 직원들과 대화를 마무리하는 동안 아이스 브레이킹부터 시작해야겠다고 생각했다. 어쨌든 수잔과 나는 거의 모르는 사이였기 때문이다. 그래서 분위기를 조금 편하게 만들고 작업을 시작해야겠다는 계획을 세웠다.

분위기를 좀 풀어 보려고 시작한 잡담이 세 시간을 훌쩍 넘길 줄이야. 수잔과의 대화는 오래된 친구와 수다를 떠는 느낌이었다. 이야기가 끊이지 않았다. 사실 친구들과는 수다를 떨지 않는다. 만나면 숨소리로 '너 아직 거기 있구나' 하면서 서로의 존재를 확인한다. 침묵하는 시간이 말하는 시간보다 더 길다. 만난 지 얼마 안 된 사람과 시간 가는 줄 모르고 이야기하는 건 무척 낯선 경험이었다. 서로 마음이 맞아서였을까. 글쎄…. 수잔 샤키야라는 사람은 누구와 만나도 이렇게 이야기할 수 있을 것 같았다. 말투에서도 선함과 아이 같은 순수함이 묻어났다. 수잔은 누구와도 손쉽게 말을 틀 수 있는 사람일 것이다.

언뜻 시계를 보니 식당 문 닫을 시간이 한 시간 남짓 남았다. 하던 이야기를 황급히 끝내고 부랴부랴 서둘러서 첫 인터뷰를 끝내야 했다.

네팔은 내게 낯선 나라다. 아는 게 별로 없어서다. 사실대로 말하자면 히말라야 말고는 네팔에 대해 들어 본 일이 거의 없다. 아는 게 별로 없다고 포장하기에도 겸연쩍을 정도로 무지했다. 상처받은 영혼을 치유하려는 힐러들의 안식처. 하늘을 이불로 덮고 산을 베개 삼는 등반가들이 찾는 나라. 영혼까지 치유할 에너지도 없고 등산에는 영 관심이 없는 나에게는 이(異)세계나 다름없는 곳이었다. 그래서 낯설었다. 그렇게 착각했다.

수잔의 이야기를 듣고 난 지금, 낯설다는 게 큰 착각이었다는 것을 알게 됐다. 낯설다는 것은 맞지만 내가 지니고 있

지극히 사적인 네팔

던 낯섦은 다른 종류의 것이었다. 나는 인터뷰를 하며 신비하고 자극적인 무언가를 찾고 있었다. "인간으로는 가늠할 수 없는 압도적인 대자연 앞에서 인간이 얼마나 초라한 존재인지 느껴 보라. 이국적인 힌두교 문화의 다채로움을 체험해 보라. 이세계의 경험이 당신을 풍요롭게 할지니. 이런 게 매력일 거야. 네팔은 그런 나라 맞지?" 수잔의 대답은 언제나 예상을 빗나갔다. "응, 아니야."

"네팔 사람들은 히말라야를 어떻게 생각해요?"

"거기를 왜 가요? 위험한데."

"……?"

"지금도 카스트가 있어요?"

"있긴 있는데 없어요."

"……??"

이야기를 들을수록 혼란스러웠다. 내가 무지해서 낯설다고 생각했는데, 그런 게 아니었다. 내 안의 네팔과 진짜 네팔이 충돌해서 낯설었다. 낯섦은 무지가 아니라 관점 때문이었다. 오리엔탈리즘 말이다.

네팔이 낯선 진짜 이유는 우리와 경제적으로 얽힐 일이 별로 없어서다. 네팔이 속한 남아시아 지역에는 인도, 파키스탄, 방글라데시, 아프가니스탄, 스리랑카, 부탄, 몰디브가 있다. 이 지역의 인구를 다 합치면 무려 19억 명이나 된다.

전 세계 인구의 약 4분의 1이 이곳을 터전으로 삼고 있다. 그 중 인도, 파키스탄, 방글라데시를 뺀 나머지 국가들의 인구는 다 합쳐도 겨우 1억 명에 정도에 불과하다. 경제적인 관점으로 보면 단연 인도가 중요하다. 인구가 3,000만 명이 채 안 되는 네팔은 우선순위가 낮다. 여기에 네팔은 3면이 인도로 둘러싸인 내륙 국가다. 교역량이 늘어날 가능성도 크지 않다.

경제적으로 얽힐 일이 별로 없으니 네팔과의 심리적 거리는 유럽보다 멀다. 친숙한 유럽, 아시아의 신비한 나라 네팔. 거리는 유럽이 더 멀지만 유럽보다 네팔이 더 낯설다. 이렇게 만들어진 이미지로 네팔을 소비한다. 수잔과 이야기를 하면서 나는 네팔에 대한 선입견이 많이 사라졌다. 사라졌다기보다는 깨졌다는 표현이 더 적확하다. 네팔을 바라보는 관점자체가 달라졌기 때문이다.

수잔이 해 준 이야기는 네팔보다는 네팔 사람에 대한 이야기였다. 네팔 사람들에게 배울 것은 모든 곳에 신이 있다고 생각하는 사고방식이다. 히말라야에 굳이 관심을 가지지 않는 이유는 그곳이 신의 거처라고 생각해서다. 우리 눈에는 높디높은 히말라야의 고봉들이 정복 대상으로 보일지 모르겠지만 네팔 사람들에게는 굳이 갈 필요 없는 위험한 곳이다. 자연을 거스르기보다는 존중한다. 억지로 거스르면 좋은 일이 있을 리 없다. 산을 정복했다고 치켜세우는 건 서구에

지극히 사적인 네팔

서 만들어 낸 트로피에 불과하다.

126개 민족이 어우러져 사는 비결도 다르지 않다. 언어와 문화가 다른 민족이 이렇게나 모여 있는데도 갈등이 생기지 않는 이유는 그들이 단지 선하고 착해서는 아닐 것이다. 그들도 혁명을 하며 많은 피를 흘렸다. 다만 서로가 존중하는 방법을 알기 때문에 함께 살아갈 수 있다. 힌두교의 수많은 신을 숭배하는 것은 다른 사람에게도 신이 있다고 믿게 해 준다. 신을 존중하면 자존심과 상관없이 다른 사람을 인정할 수 있게 된다. 그저 신을 인정하면 될 뿐이니 마음 상할 일도 없다.

수잔은 네팔 사람들의 신기한 매력에 대해 이야기를 많이 해 주었다. 이유는 모르겠지만 외국인들은 네팔 사람들의 눈을 좋아한다는 거다. 눈을 보면 순수하고 착해 보여서 더 애정이 간다는 말을 많이 들었다고 한다. 그런 이유로 처음에는 히말라야를 보러, 힐링을 하러 왔다가 사람들을 보러 다시 오는 이들이 많다고 한다. 수잔이 해 준 이야기를 다 듣고 나니 그게 무슨 의미인지 알 수 있을 것 같다. 첫 인터뷰 때 내가 수잔과 수다를 떨며 시간 가는 줄 몰랐던 건 수잔이 내 안의 신을 존중해 주었기 때문일 것이다. 내 안의 신을 위해 귀를 열고 내 이야기를 들어 주었던 거다. 나를 신처럼 대해 주는 사람과 이야기가 통하지 않을 리가 없다.

인터뷰를 끝내고 원고를 마친 지금도 네팔은 낯설다. 여전히 나는 네팔을 모른다. 수잔이 말해 준 네팔이 진짜 네팔인지도 알 수 없다. 이 책은 한 사람의 지극히 사적인 시각으로 설명하는 네팔 이야기일 뿐이다. 다만 수잔의 이야기가 우리에게 길잡이가 될 수는 있다고 생각한다. 네팔만이 아닌 나와 당신 사이의 신과 소통하는 법에 대한 이야기다. 수잔의 이야기를 믿는다면 당신 안의 신을 만나러 꼭 네팔에 가 보기를 바란다. 책보다는 사람에게 배우는 게 빠를 테니까 말이다.

홍성광

지극히 사적인 네팔